股市脸谱 ②

精准把握主升浪

车岩朝/著

经济管理出版社
ECONOMY & MANAGEMENT PUBLISHING HOUSE

图书在版编目（CIP）数据

股市脸谱之二——精准把握主升浪/车岩朝著. —北京：经济管理出版社，2019.6

ISBN 978-7-5096-6522-0

Ⅰ．①股…　Ⅱ．①车…　Ⅲ．①股票交易—基本知识　Ⅳ．①F830.91

中国版本图书馆 CIP 数据核字（2019）第 068510 号

组稿编辑：勇　生
责任编辑：勇　生　詹　静
责任印制：黄章平
责任校对：董杉珊

出版发行：经济管理出版社
　　　　　（北京市海淀区北蜂窝 8 号中雅大厦 A 座 11 层　100038）
网　　　址：www. E-mp. com. cn
电　　　话：（010）51915602
印　　　刷：北京晨旭印刷厂
经　　　销：新华书店
开　　　本：720mm×1000mm/16
印　　　张：14
字　　　数：229 千字
版　　　次：2019 年 7 月第 1 版　2019 年 7 月第 1 次印刷
书　　　号：ISBN 978-7-5096-6522-0
定　　　价：48.00 元

前　言

股　道

股道的探索不但艰辛而且也是没有止境的，不存在最高境界，只有更高境界。

初入证券市场的投资者大多都希望能够迅速得到一本"秘籍"，不管是崇拜利弗摩尔交易上的独孤求败；还是膜拜巴菲特的时间换玫瑰。以帮助自己在短时间内练就高抛低吸的"绝世神功"，从而笑傲股市江湖，称霸股林。但事实是：不管是巴菲特、利弗摩尔还是索罗斯，他们达到被仰视的高度不是有多么高深的技法、招数，而是他们对市场看得深、悟得透，他们的套路既不神秘也不复杂，他们尊重规律、尊重自己的交易体系、恪守自己的纪律，不管外界称他们是天才的投机客也好、伟大的价值投资者也罢，他们都是在做自己最熟悉和擅长的事情，运用最简单的真理画出了最完美的投资画面，顺便赚到了钱，在正确的股道上走正确的投资路而已。

股市之道也是为人之道，"世事洞明皆学问，人情练达即文章"。如果洞明了世情冷暖的人间百态，再置身于股市这个虚拟经济中时，离成功的距离就会越来越近，对这种阴阳交替、涨跌互现、福祸相依会越来越觉得见怪不怪、牛市不喜、熊市不悲，心平气和、气血平畅。无怨无悔、无恨无怒、无喜无悲，笑看风云变幻、静对盈亏输赢。

传说武林中有一位绝顶高手，名叫独孤求败，剑法如神，打遍天下无敌手。这一日他开门收徒，武林俊才纷至沓来，希望能被收录门下。最后有三个人留下，独孤求败把他们带到一个瀑布边上说："我对你们的要求就是能做到拔剑刺入瀑布中，再收剑回来，剑上不沾一滴水，谁能做到这一步，就可以下山了。"三位弟子很诧异，认为这是不可能的事。于是独孤求败进行了演示，只见他站在瀑布前，任凭周边环境如何变化，始终一动不动，直到太阳西下之时，突然纵身而起，拔剑出鞘，刺入瀑布中，并飞快收剑，剑上果然滴水未沾。三位弟子目瞪口呆，急忙问这是怎么做到的。独孤求败告诉他们：任何敌人就像眼前的瀑布一样，都是有破绽的，就看你能不能抓住。这看似简单的一剑，其实需要很多条件。首先是耐心和定力，你要能够一直站在瀑布前面，寻找水流中那一刻稍纵即逝的空隙，如果没有这份定力，不断拔剑，那必然是剑上沾满水。其次，要有好的眼力，能够分辨周围环境对出剑的影响，阳光不能刺眼，风不能对出剑有影响等等。再次，要有很好的体力和出剑的手法，这样才能保证能够坚持等到最佳时机而且一击必中。三位弟子在师父的带领下，先用十年时间锻炼体力和剑法，再用十年时间锻炼眼力，最后在瀑布前站了十年时间锻炼定力。三十年后，学成下山，难求一败。

这个故事其实就告诉了我们在股市中的赚钱之道。

看过笔者第一本书的朋友都知道：股市看似很复杂，其实只要抓住两大主线：其一，认识股市运行的规律；其二，了解主力的操盘手法。接下来的事情就好办得多，根据自己的个性打造一个适合自己的交易系统。股价的走势再复杂，也是像白天黑夜一样的涨跌交替；主力再狡猾，也有疏漏的时候，所谓百密一疏的这一疏就足够我们用了。而且即使它不疏，也有不得不露出破绽的时候，股票从低位拉到高位，上亿元的资金进出会不留痕迹？高开低走的出货形态主力想抹去也抹不去的 K 线形态、低位吸货想掩饰也掩饰不住的无可奈何、洗盘时故意制造假象的此地无银三百两……这些不都是主力不得不留下的破绽？而且就好像瀑布，是水流总有空隙一样，所以我们总是存在着赚钱的机会。

我的操盘室里面挂了十几台电脑显示器，墙上贴的都是经典股谱，连画都是一幅山水和 K 线图组成的股韵图，还有装满全是证券经济类书籍的一组书柜，整个操盘室只有 K 线的氛围。我从来不在我的操盘室招待朋友，我的操盘室除了我自己就没有其他人来过。每天一到开盘时间，我沐浴更衣、门窗紧闭，手机、电话等通信设备都关机，切断一切外界联系。外面是晴天、雨天，发生什么事都和我没有关系。这个时候我的世界只有股票，我的朋友就是我目前持有的或者是想买进的股票的主力资金，虽然看不见，摸不到，但是我们就像老朋友一样，我能感觉到它的呼吸、听得见它的心跳，我只关心它们的一举一动，盘口的买卖单子的变化、实际成交的单子、大盘的走势、板块的整体走势、真真假假的招数以及我熟悉或者是不熟悉的做盘套路。我很要好的朋友很多次提出要参观一下我的操盘室都被我婉拒了，一旦打破这种宁静，那种只和"主力"做朋友的感觉就会被破坏。有要好的朋友说我是有些神经病，其实他们不懂，操盘在我眼里是很神圣、很严肃的一件事！我的每次买入就好比独孤求败简单的一剑，在外人看似不经意的买入，其实是有很多条件的。而且这些条件都是坐在我对面不知名的"主力朋友"经过很多个日日夜夜、很多资金再加上他认为的天时地利人和才对我发出的买入指令，而且从来都不明说的，都是只可意会不可言传，所以我不敢含糊，丝毫不敢大意，不能懈怠朋友的"爱心"。卖出的时候更是不敢大意，"主力朋友"一点点的暗示（各种出局形态），我就要立马采取行动，否则就会人仰马翻。

在股市求道的路上，我们只能在遵循股价运行规律的前提下跟着主力资金一步一个脚印地向前走，成功之路没有任何捷径，亏损是我们的良师，失败是我们经验的积累，要想在股市取得成功，必须正确理解股市的本质。股市是什么？可能有些人没有细想过，但好多投资者都在自觉或不自觉地拿自己的钞票来回答这个问题。这个问题当然没有终极的正确答案，在现阶段我的理解是：股市是财富的合法再分配场所，推动股价升降的背后力量是人性，股票的具体价格是通过多、空双方竞争来实现的。取胜的关键是人性的优点和弱点。

股市是资金的猎杀场所，一个人的成功要建立在更多人失败的基础上。如果我们侥幸赚到了钱，希望大家这时都能想想这些钱后面隐藏着别人的汗水、泪水甚至是生命，并在花钱丰富自己生活的同时，能够用这些钱做一点对社会有益的事情。在这方面我想，积德行善是对自己有好处的，成为金钱的主人胜过当金钱的奴仆。

股市有如一个魅力无比却又凶残成性的魔鬼。它不仅能吞掉人的金钱，甚至还能吞噬人的生命与灵魂。可悲的是，人在绝对意义上讲是无法战胜股市的，因为判断力和想象力无法战胜事实，你的胜利与否不是由你决定的而是由股市决定的。我想，最终意义上的高手是那些能够做到从容进退的人。利弗莫尔之所以失败是因为他迷信自己的力量，不能拒绝股市的诱惑。换句话说，他拿得起却放不下，在《股票作手回忆录》中可以多次看到他放弃了原定的假期急急忙忙杀回到股市的行为。其实拿得起来容易，放得下才是最难做到的。在股市上成功，你必须全身心地去关注它，必须付出相应的代价，但你又不能因此就放弃一切。股市没有生活重要，你必须注意在两者之间找到平衡点，否则很容易既失去了钱，又失去了生活。

我们要正确地认识到：在股市竞争获胜的难度要远远大于其他行业。原因在于：①炒股获利快速。②工作不辛苦。③进入门槛低。这些因素导致了股市里竞争的强度比在其他行业激烈和残酷得多。由于人性的缺陷和对竞争规律认识的不足，绝大多数人必定将成为牺牲者。我们必须正视这个严峻的现实：股市挣钱很不容易！但确实存在着一些长期以来一直都比较成功的人。那么，高手们的成功之道究竟在哪里呢？

高手们成功的方法不尽相同，但只要探询他们的心路历程，我们就能发现他们取胜的关键。股市是人性的竞争，是对投资者人性中优点的苛刻和弱点的放大。在股市能够长期生存下来的人无疑是强者，高手们真正意义上的强大是他们的心灵强大，所有高手的共同特点是他们能够在心性层次上建立起自己独特的核心竞争力进而在市场上持续获得竞争优势，提取他们共有的素质，我们就会发现：

他们都有达观、积极面对困难的心境和心态，这属于人生观和世界观的层次。

他们都是有坚定信仰、不盲从的人；

他们勤奋学习，勇于实践，喜欢面对挑战；

他们善于从自己和他人的经验中学习；

他们冷静、耐心与坚韧；

他们个个都像石灰一样，别人越泼冷水，他们的人生就越沸腾；

他们有大局观且远见卓识；

他们非常了解自己的缺陷并拥有有效的制约方法；

他们热爱股市，愿意为自己的事业献身；

他们从不期待突如其来的好运，只希望所有的努力终有回报。

你在巴菲特、索罗斯、林奇等高手身上看到这些素质的影子了吗？这些才是高手真正实力的精华。

股市成功之路绝对是因人而异的，每个人都不同，但又有共通的规律可循。如果想成为股林高手的话必须注重培养这些杰出的素质，这些素质对大部分人来说必须经过大风大浪才能养成，这需要漫长的时间和种种磨炼，有时你甚至要放弃自己内心最根本的一些信仰才能得到，宛如一个人的历死重生、脱胎换骨，其痛苦的滋味旁人难以想象。人性的光辉是在苦难中孕育出来的，逆境往往是培养杰出心性最好的老师。这就是股谚所说没有五到八年的时间、不经历过大起大落的牛熊转换就不可能培养出成熟股民的真正原因。成熟的真义在于他们心性的成熟，而不是因为他们读了本"天书"，或是突然间发现了一些对付股市的绝招。竞争从来不相信眼泪，只有心性层面的强者才能在股市里长期生存下去！

在其他行业中还存在着技能、知识等其他方面的竞争，但股市完全是赤裸裸的人性竞争，也就是人的全面内在素质的竞争，一个人的发财致富就要建立在他人人性的弱点上面，所以坑蒙拐骗、巧取豪夺，种种手段无所不用其极，你在其他地方见过这么多随时随地玩出种种花样想算计你钱的骗子和强盗吗？你在任何地方看到的欺骗与谎言都没有在股市中的这样多！最简单的低买高卖为啥你就是做不到呢？靠聪明和运气只能帮你赢得一时，想这么一直赢下去，你说要靠什么？

股市的成功在于能否突破人性的藩篱，超越自我。

在股道探索上想走捷径是没有可能的。就比如盘感，没有三五年日复一日的坚持，是不会就因为哪个高手点拨你一下就会有了敏锐的盘感。水再浑浊，只要长久沉淀，依然会分外清澄；人再愚钝，只要足够努力，一样能改写命运；主力再狡猾，做盘时一定也会留下蛛丝马迹。有了三五年日复一日的坚持复盘，每天收盘后把三千多只股票看一遍，看看自己原本以为要涨的股票涨了没有？涨了的话印象就会加深，时间一长我们就知道为什么会涨，哪些走势会涨，走到哪个阶段会涨；没有涨的话为什么不涨，哪些走势不会涨，哪些阶段不会涨，时间一长我们就不会因买这样的股票而被套；为什么有的股票我们没有注意到而大涨，反复推敲一下找找原因，时间一长就会很快进步；为什么有的股票莫名其妙就开始大跌，时间一长我们就不会掉进陷阱，被主力暗算。日复一日、年复一年的盘感自然而生，大盘走势、板块热点、个股表现了然于胸。再也不需要谁为你指点股市江山，心中自有桃花源，到处都是水云间！

诚然，练就股市高手需要经历长时间相当痛苦的积累过程才能达到，但是你到了拥有高手之心的那一天，你自然同时拥有了高手的眼界。K线虽然还是那些K线，波浪虽然还是那些波浪，但从这一刻起才会真正变得鲜活、生动起来；招数虽然还是那些招数，也只有从这一刻起才能对你有实际意义。

在质变的临界点没有达到之前，即便你满腹经纶、聪明绝顶，被人性弱点蒙蔽的双眼又怎能看见遍地的黄金呢？"当财富来到的时候，它将来得如此急，如此快，使人奇怪在那艰难的岁月，这些财富都躲到哪里去了？"这句话现在明白了吗？一将功成万骨枯，古来征战几人还？只有战场才能成就英雄，只有苦难才能造就杰出的心性。股海无情，要走上投机之路却没有一条可以投机的捷径，我希望有缘人能领会这事实上很简单的道理，不要缘木求鱼、舍本逐末，免得越努力，反而离成功越遥远，最终落得个聪明反被聪明误的下场！心性偏颇的人，一心只想靠投机取巧拿走别人钱财的人，他自己存在股市里的银子或迟或早注定要被别人拿去！正所谓六根不净，何以股为？

股道精华，实在股外！

通往高手之路是一条漫长而痛苦的蜕变之路，孤独是你唯一的伙伴，失败是你最好的老师！百忍成钢，当心性修炼得犹如镜子般明彻，如流水般圆韧时；当你切切实实生活在不以物喜、不以己悲的宁静中时；当你发觉胸中不断流动着"虽千万人而吾往矣"般的勇气时，历经千锤百炼，你的交易系统就练成了。拔刀四顾、纵横天下的那一天就不会很远了。①

有道无术，术尚可求，有术无道，止于术。

在股票市场，道的存在源于亘古不变的人性，在股票这一特殊的市场存在不同的特征。

股道至简，悟者大成！

本书中的技术用于及专业名词详见四川人民出版社的《股市脸谱之一》里面有详细讲解，请参阅。

---

① 林广茂. 什么样的人才能成为投资高手 [EB/OL]. http://www.sohu.com/a/197473551-77200.

目　录

第一章 均线形态

一、"天女散花"

"天女散花"一词原本来源自佛教中《维摩诘经·观众生品》里的一则故事。讲述天女百花仙子散花来试菩萨声闻弟子的道行，花至菩萨的身上即落去，至弟子身上花便不落。寓意为天女散花的景象如同大雪漫天飞的样子。《维摩经·观众生品》中有："时维摩诘室有一天女，见诸大人闻所说说法，便现其身，即以天华散诸菩萨、大弟子上，华至诸菩萨即皆堕落，至大弟子便著不堕。一切弟子神力去华，不能令去。""天女散花"又叫"仙女散花"，寓意春满人间，吉庆常在。

我们把它引用到股市里面是指：股价经过长时间的下跌、反复筑底以后，股价开始上行，站上 14 日均线并在 14 日均线的依托下稳步上行。14 日均线、28 日均线、57 日均线、89 日均线、144 日均线、233 日均线、377 日均线、610 日均线从上到下依次排列，如"天女散花"般美丽地向上发散，股价沿着 14 日均线一个劲地上涨，如"天女散花"般令人心旷神怡。

"天女散花"的这个技术形态，最全面、最综合、最系统地揭示了股价的运行规律，它就是我们津津乐道、孜孜不倦、梦寐以求的主升浪！是一轮行情中涨幅最大、上升的持续时间最长的行情！就是波浪理论中的第三浪。主升浪行情往往是在大盘强势调整后迅速展开，它是一轮行情中投资者的主要获利阶段，属于绝对不可以踏空的行情。兵有不战和必战！不战在我，必战在敌。这"天女散花"的主升浪是属于必战品种。

下面我们就详细地把这个形态的形成过程来剖析一下。研究一下怎么在"天女散花"形成之处抓住它，享受这一大段拉升的乐趣。

我们都知道，任何一只股票一般都有这样几个阶段：筑底、拉升、盘头、下跌。

（1）筑底阶段。

筑底的这个阶段是漫长的、磨人的。有的在筑底结束后还会在挖一个散户坑，彻底洗盘来坑杀散户；所以我们发现某只股票在筑底的时候，一般先不要参与，只要重点关注即可，一直关注到它开始拉升时再开始参与，什么时候开始拉升？在经过漫漫的"暗无天日"以后，股价出现了"拉开序幕"等见底技术形态，这个时候股价的下跌空间才被封闭。最明显的是开始拉升，一步一步都会有我们的拉升形态出现，比如："拉开帷幕""战斗打响""鱼跃龙门""花好月圆""前程似锦""欢喜过年""势如破竹""万马奔腾""展翅高飞"……

（2）拉升阶段。

拉升的这个过程是很惬意的，也是最安全的，是势不可当的，它是我们最佳持有和操作的时候，这个时候严格按照我们的技术形态高抛低吸。高抛的形态有："露头椽子""得意忘形""忘乎所以""当头一棒""阴魂不散"等，低吸的形态有："蜻蜓点水""老鼠打洞""桃李之馈""谣言四起""上下打探""一针见血"等，这个时候的均线系统是完美的、是多头排列的，有很多时候就是"天女散花"。

（3）盘头阶段。

这个阶段是危险的，股价每一次的拉升都是为了出货，这个时候最明显的技术形态就是 "魔鬼缠身"，随时都会有雪崩的可能，我们盘头初期清仓以后就不要再参与。

（4）下跌阶段。

这个过程是要命的，是没有底部可言的，也同样是"势不可挡"的，只要没有经历过彻底的"暗无天日"过后的"蓄势待发""万丈高楼平地起"或"拉开序幕"的技术形态，股价是不会到底的。我们一定不要去抢反弹。

分析完股价的几个阶段之后，我们就知道，股价在筑底时和结束后，这个时候股价一般的均线系统还是典型的空头排列，就是说盘面上最直观的表现就是610日均线在最上面，下面依次是377日均线、233日均线、144日均线、89日均线线、57日均线、28日均线、21日均线、14日均线。这时候会有："拉开帷幕""万丈高楼平地起",甚至"战斗打响"的一些形态出现,说明股价已经见底,然后股价一个台阶一个台阶地上"战斗打响"——14日均线上穿57日均线,在经过调整以后,又会出现"花好月圆"——14日均线上穿89日均线,再经过调整后,股价会出现"前程似锦"——14日均线上穿144日均线,再然后股价会出现"欢喜过年"——14日均线上穿233日均线,再然后股价会出现"万马奔腾"——14日均线上穿377日均线,直至股价出现"展翅高飞"——14日均线上穿610日均线。当然,一般都不是这么规规矩矩的,大多是在曲折迂回中完成这些动作、形成这些技术形态的,但是主旋律不会变。不会再创新低,每次调整的低点大约就是上次的高点。正所谓:曲折中前进,螺旋式上升。

当股价"展翅高飞"——14日均线上穿610日均线后,下面不断地有"鼎力相助"(详见《股市脸谱之三》)的技术形态的支持——21日均线上穿28日均线,再上穿57日均线,再上穿89日均线,再上穿144日均线,再上穿233日均线,再上穿377日均线,再上穿610日均线;28日均线也再上穿57日均线,再上穿89日均线,再上穿144日均线,再上穿233日均线,再上穿377日均线,再上穿610日均线;57日均线也再上穿89日均线,再上穿144日均线,再上穿233日均线,再上穿377日均线,再上穿610日均线;57日均线再上穿89日均线,再上穿144日均线,再上穿233日均线,再上穿377日均线,再上穿610日均线;89日均线也再上穿144日均线,再上穿233日均线,再上穿377日均线,再上穿610日均线;144日均线也再上穿233日均线,再上穿377日均线,再上穿610日均线;233日均线也再上穿377日均线,再上穿610日均线;直到最后的一根均线377日均线也来个"鼎力相助"成功上穿610日均线,这个时候均线系统彻底由空头排列转多头排列,"天女散花"形成。

将清楚这个"天女散花"形态的形成过程以后,我们就知道,这个形态不是一天两天能够形成的,而且中间的走势不会这么中规中矩地走,所以在持仓上就会多几分耐心,少几分急躁,知道主力资金做这个形态不光是规律所致,也包含主力的很多千辛万苦,而且熊市基本不会有这样的形态,而且也知道这么艰难地形成这个形态后,股价的上涨也不会一天两天结束的,更不是一两个涨停板能够解决的上涨问题,所以,发现这样的形态后,在股价缩量回调至14日均线时,慢慢地、一点一点地买入,在持股上也要多一些耐心,期望值也要相应地提高一些。"人有多大胆,地就会有多大产!"这话虽然出现在大跃进时代,是一种鼓舞人心的话，但是，在股市里，在出现"天女散花"技术形态的股票中，还是可以实现的。

说了这么多，总结一下切入点。一共有三个要点：

其一，"展翅高飞"后，股价缩量回调到14日均线附近，低吸。其二，股价在14日均线附近企稳或者回调至14日均线下又出现"势如破竹"形态，加仓。其三，均线系统下面不断地有21日均线上穿28日均线、57日均线、89日均线、144日均线、233日均线、377日均线、610日均线；28日均线上穿57日均线、89日均线、144日均线、233日均线、377日均线、610日均线；57日均线上穿89日均线、144日均线、233日均线、377日均线、610日均线；89日均线上穿144日均线、233日均线、377日均线、610日均线；144日均线上穿233日均线、377日均线、610日均线；233日均线上穿377日均线、610日均线；377日均线上穿610日均线的很多个哥们的"鼎力相助"。

最直接的标志性技术形态有两个："展翅高飞"（详见《股市脸谱系列之一》）或"出人头地"（详见这《股市脸谱系列之三》）。

案例1：民生银行（600016）

该股的起涨点位是"出人头地"，2012年10月24日，股价3.81元。经过"天女散花"的上涨，短短4个月，股价涨到了最高价8.77元（见图1-1）。

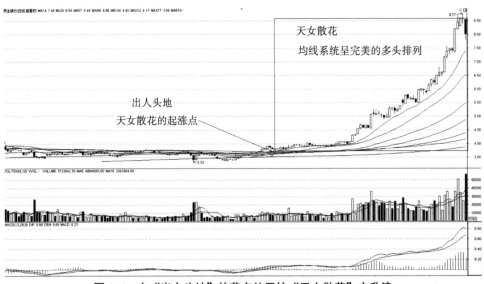

图1-1 由"出人头地"的节点处开始"天女散花"主升浪

案例2：上海莱士（002252）

这个天女散花，让股价从不到1元左右涨到了26元左右（见图1-2）。

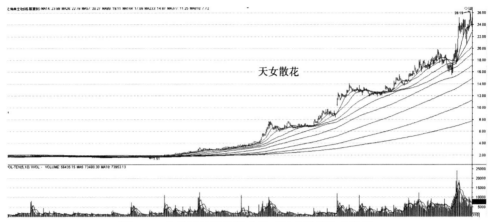

图1-2 均线系统完美经典的"天女散花"主升浪

案例3：贵州茅台（600519）

现在用高屋建瓴的眼光去看贵州茅台这个股，过去的任何一个地方都是买点，更不要说平常大家喜欢说的回调了，但是当时的情况估计大多数投资者朋友都嫌股价高、K线图看上去位置高，而且股价是一再地创新高。在2015年大盘走出一个相对的头部以后，大多个股开始大幅下跌，而且好多个股一跌不回头，但是贵州茅台在200元左右稍作调整以后直奔800元大关，最高价799.06元。

这中间的故事可是多了去了，茅台股价飙涨，其中最得意的人中肯定有知名私募大佬但斌。但斌曾多次发微博唱多贵州茅台。但斌先生为深圳东方港湾投资管理股份有限公司董事长，被称为"中国巴菲特"，是茅台忠实投资者。但斌在微博上表示，除非中国的白酒文化衰落了，否则你等一千年一万年也看不到茅台崩盘的时刻！

否极泰私募基金合伙人董宝珍，也是一位坚定的茅台投资者，董宝珍投茅台一度亏七成，后成功逆袭。他负责的私募基金长期重仓贵州茅台。资料显示，董宝珍在2008年11月就开始买入贵州茅台的股票，在2010年7月完成建仓，其持有贵州茅台的成本约为每股160元。期间，茅台股价上涨。2012年，A股白酒板块走熊，茅台股价进入阴跌时期。当年9月，董宝珍与另一位投资人公开打赌称："如果茅台市值跌破1500亿元，我就裸奔。"对价值投资的笃信并没有让董宝珍赢得当年的赌约，2012年下半年，茅台股价从每股220元附近，一路下跌，2013年下跌至每股120元，股价几乎腰斩。茅台市值也跌破1500亿元。董宝珍履行诺言：裸奔。在央视采访中，董宝珍透露，在茅台股价下跌过程，他没有减仓反而不断加仓。股价大跌，董宝珍没有因为下跌而感到焦急，他在央视采访中称："越跌越愉快，又是我建功立业的好时机。"据董宝珍透露，当年茅台股价跌破200元时，他卖出了其他股票，全部用来追加贵州茅台，并增加杠杆，在茅台股价下跌至每股118元时，董宝珍所持股票的市值已经下跌了70%，基金净值一度跌至0.35元。董宝珍称："在茅台股价跌至140~150元时，我除了意志已经没有别的（支撑）了。"

我们在这里只讨论技术，只用技术的层面来分析该股，该股在2015年大盘调整以后，在2016年初股价就运行在14日均线之上，一直到2018年1月的799.06元，这两年当中，股价一直呈现慢牛走势，几乎没有像样的回调，最多是近似横盘的回调，幅度最深的也就是14日均线下穿57日均线又上穿57日均线，在这两年间股价在调整的最深幅度的也就是89日均线。整个均线系统完美无缺。是"天女散花"的典型代表（见图1-3）。

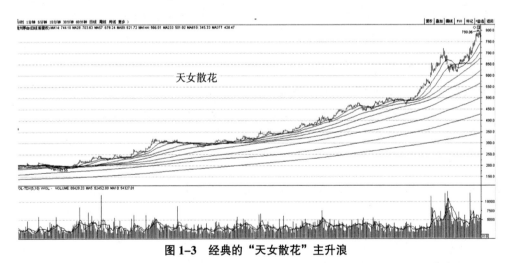

天女散花

图1-3 经典的"天女散花"主升浪

牛顿说，我之所以成功是因为站在了巨人的肩膀上，但就是这位稳稳站在巨人肩膀上的牛顿，由于按捺不住获取暴利的冲动而成了股民，结果2万英镑自由落体般地离他而去。彼时，牛顿贵为皇家造币厂厂长，这笔钱相当于牛厂长一年的薪水。但这笔钱没有白亏，至少牛股民还给后世留下了一句经典感慨："我能计算出天体运行的轨迹，却不能预测股票的走势，难以预料人们的疯狂。"所以对待"天女散花"的个股，格局要放得很大很大。针对形成"天女散花"走势的股票，连牛顿这样的科学家都计算不出它的运行轨迹、预测不出它的疯狂，何况我等小散，只要股价不下 14 日均线，或者是下了 14 日均线仍能在短期内重返上去的、整个均线系统没有被破坏的，一路持有就是。

案例 4：新城控股（601155）

该股从 2017 年 11 月，技术走势上形成"天女散花"以后，股价就沿着 14 日均线稳步上涨，一直把股价从 20 元拉到了 45.77 元，涨幅达 133.23%，2018 年 2 月 7 日，一根带量大阴线下破 14 日均线，股价要"走向深渊"。进场点位和出局点位非常明确（见图 1-4）。

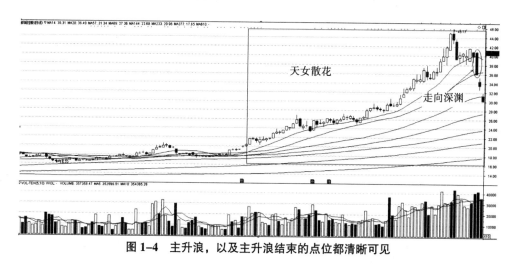

图 1-4　主升浪，以及主升浪结束的点位都清晰可见

沪深两市中，这样的案例很多，在这里不一一列举，图片截下来后是局部的，看得不太全面，细心的读者可以对照着电脑自己找找看看。

投资哲理小故事

瞎　买

朋友甲说："去年一朋友，酒后买下一只重仓股票（瞎买），成本价 8 块左右，今年上半年已经 21 块，本想卖之，结果一场大病，床上睡了几个月，前几天刚出院，一看，已经 39 了……感叹！（好想再生一场病）"我无语！

朋友乙接着说："上星期，一媒体给他推荐了一只股票，结果买的时候打错了代码，手快，成交了，没办法，只好将错就错。结果今天一看，推荐的涨了 2%，买错的涨停……感叹！（好想再错一次）"我无语！！

朋友丙又说："他以前有个同事，买什么跌什么，卖什么涨什么，于是他们就围绕这个朋友来逆向操作，没想到还真灵。只可惜这个同事不久调到外地，怎么联系也联系不上……感叹！（好想再发掘一个）"我无语！！！

朋友丁正想说什么，突然，一送水的工人冲了进来，动作麻利地换好了水，看了我一眼，说："大哥，现在有空吗？问你个事儿行不？"我清了清喉咙，笑着说："行！问吧！"送水的工人挠了挠脑袋，憨笑着说："2014 年春节，俺妈过生日，俺就托一朋友随便买了只股票送我妈，买了不到 7 万块钱的股票，钱虽不多，但那是俺的心意。一直很忙，妈又不会认字，所以一直没看那只股票，我想问……"话还没说完，朋友甲就不耐烦地说："你就说哪只股票吧，别啰里啰唆的。"

"贵州茅台！！！"

……

投资感悟

找到"天女散花"这样的股票后，还用瞎折腾吗？买入，持有就是！功力深厚的主仓位不动，拿出一小部分资金一路高抛低吸；功力一般的索性持仓卧倒不动。

如果你的心是一条大河，人生的疆域就是五湖四海；如果你的心是地球，人生的疆域就是整个宇宙。当然，你的心若只有针眼那么小，人生的疆域绝不会超过一根针长。有多宽广的心，就有多广阔的人生疆域。

三个工人在工地砌墙，有人问他们在干吗？第一个人没好气说：砌墙，你没看到吗？第二个人笑笑：我们在盖一幢高楼。第三个人笑容满面：我们正在建一座新城市。10 年后，第一个人仍在砌墙，第二个人成了工程师，而第三个人，是前两个人的老板。

这就是格局。

一个人的格局决定他未来的发展空间有多大，甚至直接影响到他的成败。有这样一句谚语："再大的烙饼也大不过烙它的锅。"这句话的哲理是：你可以烙出大饼来，但是你烙出的饼再大，它也得受烙它的那口锅的限制。我们所希望的未来就好像这张大饼一样，是否能烙出满意的"大饼"，完全取决于烙它的那口"锅"——这就是所谓的"格局"。

在股价经过了漫长的"暗无天日"以后，开始"拉开帷幕"到"展翅高飞"这段行情，我们严格按照书里讲的卖出形态卖出买入高抛低吸，到了"展翅高飞"以后在经过一个散户坑后面的"天女散花"的行情时，我们的格局就要放开了，这个时候的行情只要不有效跌破14日均线，我们一般就不要再高抛低吸做差价，弄不好卖出的股票就会买不回来。即使做也是主仓位不动拿出很小一部分资金去做，找找盘感而已。

做股票投资一开始我们是先做加法，先有量的积累后接下来就是再做减法，买卖股票的次数做减法，减少操作次数，提高操作质量。集中精力、资金打击最精确的目标。我们在投资的过程中经常会遇到各种各样的项目，股市里几千只股票，我们不可能都持有，只能有选择地去做。我们只将有限的资金和精力放在最有价值的那只股票上。古语有云："有舍才有得。"学会放弃，才是大师。人生本身就是一个有成长到累积，然后再到不断摒弃的过程，最后将灵魂和精神留下，不要复杂化。"少即是多"，要慢慢去体会。

买卖股票千万不可以赌气，但要敢于试错，错了没什么不了，谁没有犯过错？失败案例都承受不起的人，本身就不配有好的成功案例。投资跟人生都是一样的，大起大落，你永远不会知道下一刻会发生什么，也不会明白命运为何这样待你。只有在你经历了人生的种种变故之后，你才会褪尽了最初的浮华，以一种谦卑的姿态看待这个世界。

学会忍，所谓"忍"其实是很高深的学问。就好像越王勾践卧薪尝胆，在股票投资里面也一样。不要被太多的诱惑和别人的光鲜所迷惑。没有人强迫你一年要买卖多少只股票。大盘不好的时候就空仓休息一下，静以修心，俭以养德！一个有格局的人，什么时候都不会自卑。不以物喜，不以己悲，时刻保持一颗包容的心去接受新的事物，接受新的挑战。我们应当不断地在自己的交易中进步，而不是低水平的重复。

做人、炒股都要有大的格局。

有的人说，站得高才能看得远；也有人说，欲为大树，莫于草争；有人说，格局即大局观了；有人说，大格局就是大胸怀；还有人说，大格局就是看得远。

不过，事物也本无对错之分。站得高，确实是能够看得远。有大格局的人确实也不会斤斤计较，有大格局的也往往看得远。

人贵有自知之明，知道什么可为和什么不可为。若不可为，怎样做才能可为，何时可为？只有不可为才会大有作为。

有大的追求，大的愿望，就会有大的忍耐，大的包容，大的视野，大的宽容，这就叫大胸怀。

如果你的想法是追求一个具体的、很小的事情，你得不到它会很生气；如果你想要的是别人没有的，是很大的东西，很远的东西，你就会变得能够理解很多，包容很多，能够承受痛苦，甚至伤害你的事情你也能够包容。这是一个正循环。

刘邦和项羽，从军事领导力上看，项羽远胜于刘邦，巨鹿之战、破釜沉舟是何等气概；从兵力配置上看，项羽手下强将如云，整体实力也优于刘邦；从智囊团上看，两者各有张良范增，也不分伯仲。

所以若综合三方面而言，项羽的楚军是远远强过刘邦的汉军的，但为什么最后自刎乌江的不是刘邦，而偏偏是项羽呢？

刘邦自己说过"我文不过萧何、治国不如张良、行军布阵不如韩信，但三人皆为我所用"。再看看项羽，手下纵有范增、英布这样的文臣武将，但最终还是一败涂地。

只因他不像刘邦那样胸怀广阔，单单为一个名义上的"西楚霸王"惹得众诸侯心生叛意、倒戈相向。

事事以自我为中心，刚愎自用，范增屡次进谏，但最后还是在鸿门宴上放走了刘邦，最为严重的是他竟对已缴械投降的近三十万秦军实行坑杀，使他的威信声誉瞬间被葬送。

曾有企业家这样说，"如果是现在把我归零，我仍然可以再来一次"。

史玉柱则是在资产为负数，甚至负得还很多的时候站了起来。应该说，他是中国迄今为止唯一经历了"大起—大落—大起"这样一个完整过程的著名企业家，他创造了一个中国乃至全球经济史上绝无仅有的传奇故事。当巨人大厦倒塌，讨债人蜂拥而至之时，史玉柱庄重承诺："欠老百姓的钱一定要还。"也正是出于这种"还债"的动力，史玉柱终于东山再起，且赚钱后的第一件事情就是还债。而之后，他如履薄冰，小心翼翼，卖脑白金，投资银行股，进军网络游戏，在一片废墟上，转眼练就了超过 500 亿元的财富。

行军作战需要胆识，成功创业更需要胆识，只有想法却不敢去实现终究不会成功，莽撞行事也只会导致失败，有勇有谋才能事半功倍。

有很多投资者，不买股票的时候，看到别人赚钱，总是在想：有什么赚钱的好股票呢？看到别人的股票涨，自己就郁闷。

真到做自己买的股票时，每个人都是抱着必赚的心理，所以一旦遇到亏损，与原来的期望不一致时，难免就心态出问题！然后会出现各种不理想的事情。

所以说，格局真的决定人生层次。

格局在岳飞那里就是"三十功名尘与土，八千里路云和月"的壮烈；

格局在马致远那里却是"小桥流水人家，断肠人在天涯"的孤旅；

格局在苏轼那里就是"我欲乘风归去，又恐琼楼玉宇，高处不胜寒"的寂寞；

格局在柳永那里就是"杨柳岸，晓风残月，衣带渐宽终不悔，为伊消得人憔悴"的烟花柳巷而已。

一个人有多大的格局才有多大的胸襟。格局是一种眼界，是一种大情怀，海纳百川才能有容乃大。

广阔的眼界和胸襟才能看到更远的风景，站在高处，整座城市不过就是几座楼房，在飞机上从云端俯瞰城市，城市也就变成了盆景。

格局在股市里，就是拿钱做游戏。

格局在股市里的："天女散花"的技术形态里，任何的短线卖出、买入都如小丑般的猴子跳来跳去。

投资哲理小幽默

瞎　忙

有一个北京人，1984 年为了圆出国梦，卖了鼓楼大街一个四合院的房子，凑了 30 万，背到意大利淘金。风餐露宿，大雪送外卖，夜半学外语，在贫民区被抢 7 次、被打 3 次，辛苦节俭，如今已两鬓苍苍，30 多年了，终于攒下

> 100 万欧元（人民币 768 万）打算回国养老享受荣华。一回北京，发现当年卖掉的四合院现中介挂牌 8000 万，刹那间崩溃了……
>
> 　　或许，人一生多半是瞎忙活，理解生活，珍惜当下！

股市谚语： 看大势，赚大钱。

二、"暗无天日"

　　"暗无天日"的股票就像人走霉运的时候，"喝凉水也会塞牙，盐罐里长蛆。"干啥啥不顺，这样的股票我们一定要避而远之。

　　那什么是"暗无天日"的股票呢？表现在 K 线图上就是 610 日均线在最上面，下面依次排列 377 日均线、233 日均线、144 日均线、89 日均线、57 日均线、28 日均线，14 日均线在最下面，股价在 14 日均线的下面单边下跌地运行，这就叫"暗无天日"，和"天女散花"的技术走势正好相反。当然，这些均线不可能一根不乱，但是大致就是这样。

　　形成这样的股价走势的主要原因是前期有过大幅拉升，主力资金顺利完成了出货，所以股价才会一路下跌形成"暗无天日"，当然了，实战中我们会遇到极少数股票，前期的升幅并不大，也会形成这样的技术走势，那一定是基本面已经恶化，还没有到公布的时候，有一些先知先觉的资金持有者在不停地抛售，因为他们知道后面能够再以更低的价格再买回来。至于什么问题我们不必深究，只要是下跌的股票肯定是各有各的原因。

　　案例 1：立思辰（300010）

　　该股 2009 年上市以后，几乎没有什么行情，经过漫长的整理，到 2013 年，股价反转形成"天女散花"的走势，然后从 5 元钱起步，一直经过主升浪的拉升涨到 52.05 元的最高价，股价涨了十倍，行情也相对简单，一步到位。自上市到 2013 年，四年的横盘整理，"天女散花"，一个主升浪形态的拉升，一步到位的行情，然后开始反复做头出货股价形成"魔鬼缠身"，等主力资金的货出差不多以后，股价就开始单边下跌，2010 年 12 月底，14 日均线相继下穿 28 日均线、57 日均线、89 日均线、144 日均线、233 日均线、377 日均线后，又义无反顾地击穿最后一根均线：610 日均线，股价形成"自暴自弃"（详见《股市脸谱之三》）的技术形态，然后，正式步入"暗无天日"的技术走势中，股价也从最高处的 52.05 元跌到了 10.05 元，并开始了一字跌停板（见图 1-5）。

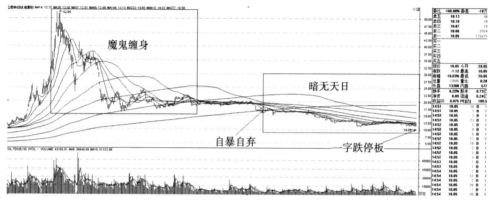

图 1-5 "暗无天日"就是股市里的严冬

案例 2：ST 准油（002207）

该股的走势相对比较简单，从图 1-6 来看，前边经过一波大幅拉升以后，主力资金开始出货，股价形成"魔鬼缠身"的技术走势，等主力资金出完货以后，股价跌停，步入下一个台阶，进入到"暗无天日"的技术走势中（见图 1-6）。

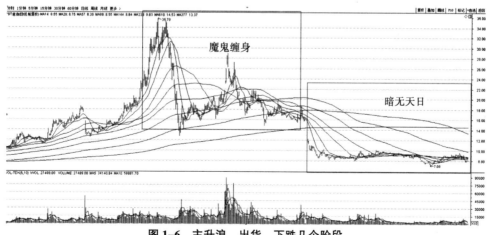

图 1-6 主升浪、出货、下跌几个阶段

案例3：深中华A（000017）

2018年春节过后，深中华A（000017）的股价到了5元左右，从下面的图1-7中我们可以看出，跌到5元左右的原因是前面经历了一段时间的"暗无天日"技术走势，再往前看，我们还可以清晰地看到方框内的是主力资金出货的形成的"魔鬼缠身"技术走势。再往前看是股价的大幅拉升，其实以后我们就知道，股价经过大幅拉升以后，主力资金就会开始出货，出货主力就会反复拉升，反复拉升就会形成"魔鬼缠身"的技术走势，出完货以后就会形成"暗无天日"的技术走势，经过很长时间的"暗无天日"技术走势以后，几乎所有的投资者都遗忘了这只股票以后，股价也跌到不可思议的低位的时候，主力资金才会再次建仓。接下来股价就会见底、拉升、洗盘、再拉升周而复始地继续重复《股市脸谱之一》中讲过的这些技术形态，现在是这样，过去也是这样，未来一定还会是这样！为什么？皆是股价运行规律使然！（见图1-7）

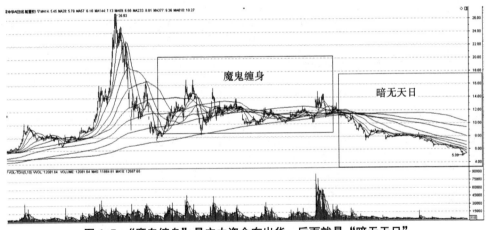

图1-7 "魔鬼缠身"是主力资金在出货，后面就是"暗无天日"

案例4：中国石油（601857）

这可是亚洲最赚钱的公司之一，基本面应该没有问题，技术面呢？我们来看一看，自从2007年上市首日股价冲到46.18元的最高价以后，就开始了漫漫的"跌跌不休"，2011年技术面上就已经形成了所有均线都依次从大到小排列（610日均线在最上面，下面依次排列377日均线、233日均线、144日均线、89日均线、57日均线、28日均线、14日均线在最下面）、股价在最下面走的"暗无天日"技术走势，一直到2013年最低价曾一度跌到6.28元，不能说这让崇尚价值

投资的情何以堪？（见图1-8）

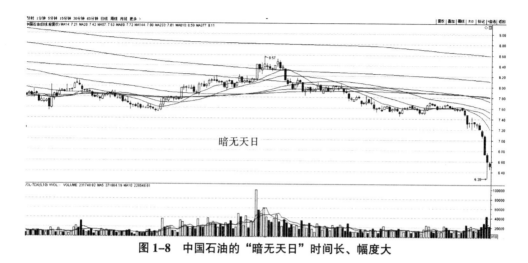

图1-8 中国石油的"暗无天日"时间长、幅度大

　　这样的股票，市场上也多得很，到处都是，遇到这样的股票，我们原则上不参与，一直等到它跌得再也跌不动了，股价慢慢地站上14日均线，"万丈高楼平地起"的技术形态出现了，我们在按照《股市脸谱之一》中讲的那些形态看情况适量参与。人生之苦，苦在选择；人生之难，难在放弃。这种"暗无天日"的股票我们一定要坚决放弃。

案例5：宁波精达（603088）

　　该股经过一波拉升以后，在前期的高点泄水般往下跌，股价形成"暗无天日"后毫无起色，2018年2月1日，股价干脆跌停。"暗无天日"的技术走势走完以后，接下来是跌停板的情况很多，例如，獐子岛（002069）（见图1-9、图1-10）。

投资感悟

　　"暗无天日"的股票就是被炼成了"药渣"的股票，短期内没有一点价值，要想重振雄风尚需时日恢复。

　　股票为什么被炼成了"药渣"，原因有很多种，有的是行情被透支过度，有的是经过前期反复炒作，又经过主力资金的反复出货，其实，不管什么原因，只要你知道结果，知道这种"药渣"的股票不碰就可以了。

　　认识了解这个形态，在选股时用得多，选股时一看是符合这样的"药渣"股

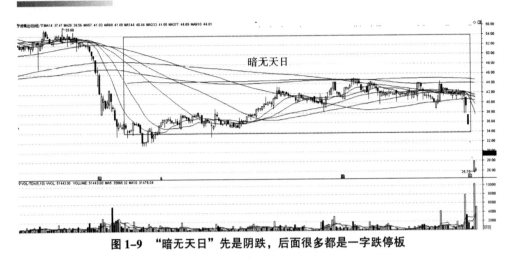

图1-9 "暗无天日"先是阴跌，后面很多都是一字跌停板

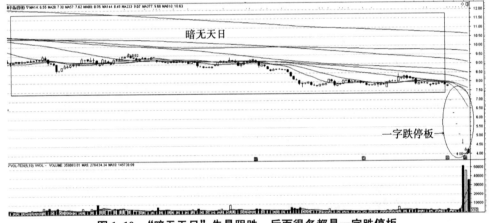

图1-10 "暗无天日"先是阴跌，后面很多都是一字跌停板

票，不管出现什么买入形态，都不买。

很多投资者朋友都喜欢抄底，可能是大家认为能够捡便宜的股票。其实下跌中的股票是没有底可抄的，炒股可不是诗情画意地写文章：股票本没有底，抄的人多了，就有了底。现实是：越是抄底的人多，越不是底。直到没有人抄底了，股价就见底了。毛主席说过，"革命不是请客吃饭，不是做文章，不是绘画绣花，不能那样雅致，那样从容不迫，文质彬彬，那样温良恭俭让。革命就是暴动，是一个阶级推翻一个阶级的暴烈的行动。"炒股也是没有硝烟的战争！

闯红灯这件事，闯得好，你比别人快几秒；闯不好，你就比别人快一辈子！

抄底这件事，抄得好，你比别人多赚一点；抄不好，你就比别人慢一段多！

在写这个技术形态的时候，我想到一个人：胡迁，才华横溢，但无人赏识，属于典型的那种怀才不遇，穷困潦倒。

他自己曾在微博上感慨：出了两本书，拍了一部艺术片，总共拿了两万的版权稿费，电影一分钱没有，女朋友也跑了。那部自导自编的电影，让他与制片方争执不休，矛盾重重，没有人愿意理解他——这或许就是压死骆驼的最后一根稻草。于是，这个 189cm、爱干净的帅气大男生，整理好头发和笔记，用楼道里一根挂了很久的绳子套住头，自缢身亡。享年 29 岁，没有遗言。

5 个月后，也就是 2018 年的 2 月，胡迁导演的遗作《大象席地而坐》获得了柏林电影节的最佳影片，官方称赞这部作品视觉效果震撼，"是大师级的"。

可遗憾的是，胡迁看不到这些了。

不少人惋惜道：如果他能熬过去，他会是中国电影的新希望，甚至是很多年轻人的希望。

是啊，黎明前的黑暗，是最深不见底的黑暗，但是咬紧牙关，熬过去的人，就能看到天亮了啊。但是他肯定也努力拯救过自己，但在这一刻，他撑不住了……

我们无法确切知道，一个人轻生时到底在想什么，但可以肯定的是，他的生活里，感受到了某种艰难、绝望……

正如那句话说的："落在一个人一生中的雪，我们不能全部看见。每个人都在自己的生命中，孤独地过冬。"

股市经历"暗无天日"的寒冬时，我们不要"熬"！我们一定要"等"。"熬"是指持仓坚持没有必要；"等"是指持币等待，理智明白！等是身处局外，不会感觉到"千里冰封、万里雪飘"的冰天雪窖般的刺骨寒意。甚至在等的时候还可以到一些"春暖花开""夏日炎炎"的股票里客串一下。

投资哲理小幽默

A：大叔大妈，好久不见，股票炒得挺好吧？

B：好啊，那是相当得好！

A：买的都是啥股票？

C：都是中石油嘛。

B：不说话还能把你憋死？

C：我看中石油得先把你憋死！

A：大妈，我听说中石油最近跌得很厉害啊？

B：假象，绝对的假象！不会下蹲的股票是跳不高的。股评家说了，买了中石化，生活不用怕；买了中石油，生活不用愁。

C：是啊，那中石油是干蹲不起，啥时候跌停板了也就到底了。

A：大妈，看您这身衣服应该挺贵的吧？是不是炒股赚了不少钱呀？

C：炒股没赚，倒是写书赚了不少。

A：就是那本《套子》吧！

B：那是第一部，相当受中石油股民欢迎！很多股民打电话感谢我让他们避免挨套，有人还给我送面锦旗，上面写着"火眼金睛，避套救星"。我现在正酝酿第二部，书名都想好了，就叫 《都是平安惹的祸》，股民那是相当期待。

A：这段儿大妈好好给说说。

B：签字售书那天，好家伙，红旗招展，人山人海，锣鼓喧天，鞭炮齐鸣。

A：大叔，你买的是什么股票？

B：那他能好意思说吗？中国平安！

A：大叔，您当时咋想的？

C：东方财金上做节目的申劲松说，中国平安这四个字就值200元，我寻思中国平安从149元跌到100元就是地板价了，没想到地板下面还有地窖，地窖下面还有地狱，更没想到的是地狱还有十八层！更更没想到的是阎王通过加杠杆融资已经把地狱扩建到了三十六层！

B：自从那以后你大叔再也不敢笑话我了，最怕听到孙悦那首《祝你平安》，提平安俩字儿就头疼。现在苹果也不吃了，安全门也不走了。哈哈哈哈，都快笑死我了。

C：笑啥玩意？你闻到汽油味不也吐吗！石头凳也不坐了，炒菜也不放油了。

A：看来炒股赚钱还真挺难的。大叔大妈，你们在村里好歹也算是名人了，没参加点社会活动什么的？

B：参加了。在一股评报告会上你大叔见一人长得挺像中平安，上去握住人家的手就不放了，口口声声说："大哥，你千万别增发了。人家增发要钱，你增发要命啊！"

　　C：你好？你在那推荐中石油，一个精神病医院的院长说啥都让我带你去他们那儿检查检查，说免费都行！

　　A：看来还真是一对难兄难弟。大叔大妈，过年有啥打算？

　　B：还打算啥呀？搁家解套呗！石油套——岗岗的——老他妈难解了！问君能有几多愁，恰似满仓中石油。

　　C：我整个锣，没事出去敲一敲：平安无事了！

股市谚语：所有均线向下走，神仙想留却犯愁。

三、"回心转意"

　　意思为重新考虑，改变原来的想法和态度。我们说的"回心转意"表现在股市里是这样的：股价经过不大的一波拉升后，14 日均线开始走软、走平，甚至向下走，就在 14 日均线向下快要挨着 28 日均线的时候，股价改变了想法，也转变了态度，回升了，这个时候的 14 日均线又慢慢向上，继续股价原来的升势。我们把这根 14 日均线向下快要触摸 28 日均线的时候又回头改变下跌走势的这种情况称之为"回心转意"。我们做股票很多时候就是在跟随主力资金，主力不往上走了，我们就要出局、等待，现在主力又要往上走了，我们当然还要跟上了。

　　一般出现这种情况是因为股价经过一小波拉升以后，盘中积累了不少获利筹码，和前期高点的一些套牢盘也被解放，股价再往上拉升就会产生很大压力，这部分筹码因为处于获利、解套之中，随时都会卖出，导致盘面不稳定，所以，主力要通过洗盘把这部分不坚定的筹码在低位洗出来，以减轻后面上行压力。

案例 1：山西焦化（600740）

　　2017 年的 8 月 11 日，经过一小波拉升的股价出现了一根向下回调击破 14 日均线"走向深渊"的技术形态，这时候我们如果有这个股票要先出来，看看它能走多深，8 月 25 日，股价开盘就高开在 14 日均线之上而且又放量冲击前高以涨停板报收重新站上 14 日均线，说明股价又有走强的意思，第二日，股价一举突破整理多日的平台，14 日均线也有重新上翘，说明主力的意思和态度有了转变，"回心转意"了，那既然这样，我们也要立马改变整理的思维，加入做多的行列中去。分享后面股价"回心转意"后给我们带来的拉升利润和无穷乐趣。（见图 1-11）。

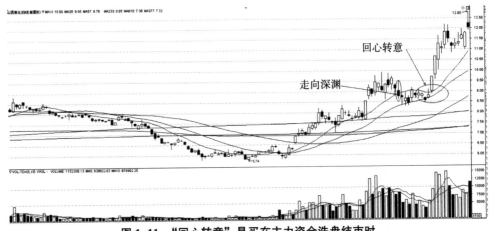

图 1-11 "回心转意"是买在主力资金洗盘结束时

案例 2：华昌达（300278）

这个股票前期的涨幅稍微过大，所以出现这个"知错就改"的技术走势点位的时候有点做双头的嫌疑，有这样的怀疑也不是不应该，股市本来就应该时时刻刻如履薄冰才对，但是怀疑虽正常，求证更重要。当后面涨起来越过前期高点的时候，我们就应该打消疑虑，坚定地判定是大行情到来了（见图 1-12）。

案例 3：雅化集团（002497）

这个"回心转意"的技术走势出现在该股的主升浪"天女散花"拉升过程中，股价只是在前期高点附近稍作停留，即"回心转意"了。2017 年 9 月 5 日，股价突破前高后，用了两根小小的星线洗一下盘，造成 14 日均线稍稍走软，向下面的 28 日均线靠拢，2017 年 9 月 8 日，一根放量突破前高的大阳线立马把 14 日均线拉"回心转意"，继续疯狂的股价拉升（见图 1-13）。

图 1-12　越过前高是解放套牢盘，再清洗获利盘后就该"回心转意"大幅拉升了

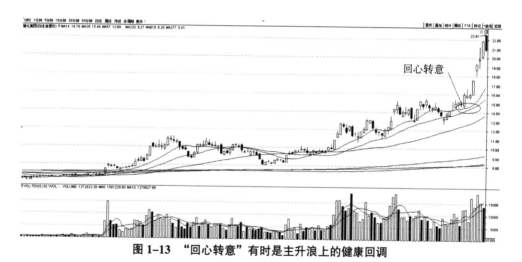

图 1-13　"回心转意"有时是主升浪上的健康回调

案例 4：华联控股（000036）

2017 年 7 月 7 日，已经形成"天女散花"技术走势的华联控股，在经过多日的横盘整理后，一根小小的阴线击破了 14 日均线，接下来的四个交易日，股价都在围绕着 14 日均线上下窄幅缩量整理，弄得投资者不知所措，14 日均线也有多多少少地向下走软的意思，2017 年 7 月 14 日，股价跳空高开，站在 14 日均线上开盘，并放量拉升，做多面目暴露无遗，14 日均线也立马"回心转意"，紧接着，股价步入快速拉升通道（见图 1-14）。

回心转意

图 1-14 "回心转意"有时就是主升浪的开始处

投资哲理小故事

乌鸦反哺的故事

很早以前，有一个孩子不孝敬爹娘，爹娘没有办法，只好把他交给舅舅。舅舅是个放羊倌。他虽然没有文化，但对子女的教育却很有办法。他对孩子的爹娘说："把外甥交给我吧，过一段时间他会回心转意，成为孝敬父母的好孩子的。"

第二天，孩子的爹娘把孩子送到了舅舅家。舅舅见了外甥，既不骂，也不打，二话没说，把一根放羊的鞭子给了外甥。

六月的一个晌午，太阳像火球一样烤着山坡，鸟儿都藏在树荫里不出来了。舅舅也把外甥带到一棵大树下乘凉。这时，有几只小乌鸦在炎热的太阳下飞来飞去。外甥好奇地问舅舅："这几只小乌鸦不怕热吗？它们不停地飞来飞去忙什么呢？"舅舅指了指大树上的鸟窝说："乌窝里有一只老得飞不动了的乌鸦，正仰着头、张着嘴，等着它的儿女们一口一口喂食呢。要是没有这些懂事的小乌鸦喂它，它会饿死的。老乌鸦自从生育了子女，每天早出晚归，辛苦地觅食喂养自己的子女们。在老乌鸦年迈无法出去觅食的时候，它的子女便会出去寻找可口的食物孝敬老乌鸦，照顾老乌鸦，并且从不感到厌烦，直至老乌鸦自然死亡，这就叫：'乌鸦反哺'！"外甥一边听，一边默默地低下了头。停了一会儿，舅舅又说："乌鸦还知道反哺，人难道就不知道孝敬自己的父母吗？"外甥听了舅舅的一席话懊悔地哭了，从此以后，他成了一个孝顺的孩子！

投资感悟

在股价经过一波拉升后，你要允许它小歇会，它不好好干活的时候，我们不能随着它放任自流，这个时候，我们也可以到别的股票里去客串一下，或者是出来透透气，让资金休息休息。锻炼一下资金的饥饿感，等它啥时候"回心转意"了，我们再和它一起走。就如上面小故事的主人公，孩子是好孩子，只是有一段时间思想抛锚了，给他点时间和启发，他回心转意了，还是好孩子！

好多证券书上写的一个很重要的原则就是止损，这导致很多投资者朋友学会了割肉，其实，割肉在英语里是找不到的，是不是国外的投资者都不割肉？这个词真的太形象了，你不割肉你是不知道止损的疼，有多疼？真的如割肉般。

而且很多时候的割肉，刚刚割好，股价就止跌了，然后不但止跌而且还回升了，什么原因呢？主力哪个不是心理学高手，就是打压得让你崩溃了才住手，换句话说，大家都不割肉，股价还得跌，直到你割肉为止，学习了这个技术形态之后，就不要盲目地割肉了，股价在跌破 14 日均线甚至 28 日均线后看看有没有"回心转意"的意思再动刀也不迟。

股价"回心转意"成不成功，关键在两点：①股价前期的一波拉升幅度够不够大？不够大，这个"回心转意"就是洗盘，若够大，这个"回心转意"就是在做双头，这个双头就是为出货而营造的诱多技术形态。②看量，看看前期高点主力资金的货出了没有，放巨量了，就是出货了，没有放量，就是洗盘。

投资哲理小幽默

熊市终于来了，原本靠股票吃饭的三个朋友无奈开始找工作，三人一同来到某饭馆应聘。老板问头一位："你有什么特长？"答："我以前做操盘手，会炒。"问："手艺怎么样？"答："也没什么，只不过能把股价从 5 元炒到 50 元而已。"老板很开心，说："好！我这里正需要一个大厨，就是你了。"第二个人递上履历表，老板翻翻，说道："噢，是股评家呀。这样吧，你的工作就是每天站在门口，见人就给我往里拉，这点事对你来说不难吧？"第二人笑道："简单，简单。"老板转头问第三人："你干什么的？"那人羞得满脸通红，不敢吱声。第二个人急忙说："他是我带来的，散户出身，洗碗扫地什么的随便安排个活儿就行。"老板有些为难，说："我这里很高级的，要散户做什么？"说话间，忽听大堂里传来一片吵嚷声，老板急忙叫过一个服务员，问她出了什么事。服务员回道："采购员今天忘了买肉，客人点的菜半天送不上去，正在发脾气呢。"老板顿时慌了神，这时身旁的散户猛地拔出一把尖刀，撩起裤腿，"噌"地一刀割下一大块肉，血淋淋地丢给服务员："先拿去应急！"转身对老板说，"老子别的本事没有，割肉是经常干的，不信你问问他们二位。"老板大悦，说："很好，今天就上班吧！"

股市谚语： 拉升必须把盘洗，清理浮筹是目的。

四、"悬崖勒马"

这个词语常用来比喻到了危险的边缘及时清醒回头，出自清朝纪昀的《阅微草堂笔记》，"此书生悬崖勒马，可谓大智矣。"股市里，我们是这样定义"悬崖勒马"的：股价经过一波拉升以后，14 日均线开始走软、走平，然后开始下行，当下行触摸到 28 日均线的时候，股价及时止跌，开始回头，14 日均线也又开始回头重新向上，就是比喻到了危险的边缘及时清醒回头。

形成这样的股价走势大多都是前期有一波不大幅度的拉升，解放了前期套牢的筹码，又有一部分低位跟进的获利盘，主力为了洗盘而造成的。

案例 1：南钢股份（600282）

该股在走出"悬崖勒马"的技术走势时，前面的一波拉升幅度已经不小了，但当时正值钢铁股集体上涨，有板块效应，而且南钢股份又是处于"天女散花"

的主升浪的波澜壮阔行情中，所以 2017 年 8 月底，如图 1-15 圆圈所示处的几天内，股价回调后，14 日均线跟着股价的回调到了 28 日均线的边缘，马上就"悬崖勒马"回头是岸了（见图 1-15）。

图 1-15 "悬崖勒马"的洗盘很轻微，也很有节制

案例 2：农产品（000061）

这个股票经过一波拉升后，股价就开始不涨了，甚至向下跌落，但是幅度很有节制，14 日均线也开始走软、下行，当走到 28 日均线的时候，好像脚步开始沉重，不想往下走了，而且在股价的向上作用下又回升，"悬崖勒马"了，然后又走出来一波不紧不慢但是却不小的行情（见图 1-16）。

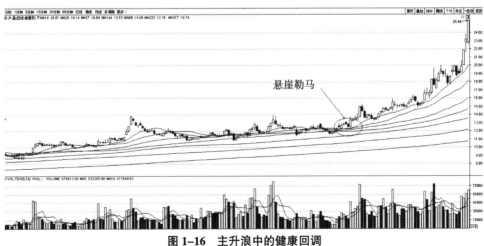

图 1-16 主升浪中的健康回调

案例3：三全食品（002216）

该股一根气吞山河的涨停突破多日的横盘整理之后，又开始了横向窄幅整理，把急功近利的、心浮气躁的、追涨杀跌的、没有耐心的投资者朋友都磨得一点脾气都没有了，然后一个"连闯两关"的放量涨停板横扫一切，杀这些投资者朋友个措手不及，而且也及时地让14日均线"悬崖勒马"（见图1-17）。

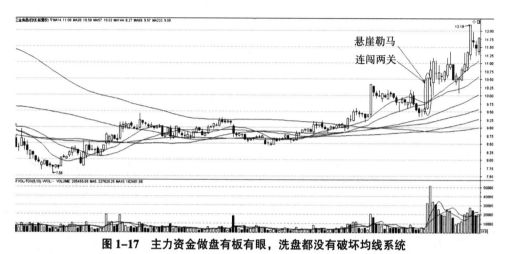

图1-17 主力资金做盘有板有眼，洗盘都没有破坏均线系统

案例4：信维通信（300136）

这个"悬崖勒马"出现在该股的主升浪"天女散花"中，股价的运行过程中，呈现典型的慢牛走势，不急不躁、稳步拉升。有时候的整理要不是有14日均线的"悬崖勒马"，我们就会怀疑股价会不好好拉升（见图1-18）。

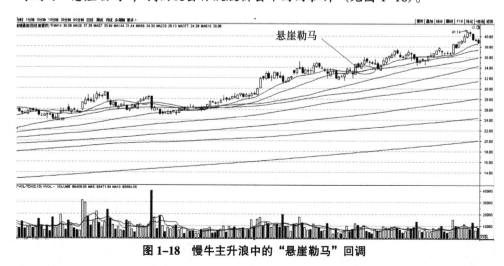

图1-18 慢牛主升浪中的"悬崖勒马"回调

案例 5：乐普医疗（300003）

该股在 2017 年 4 月系进入"天女散花"主升浪以来，一直到 2018 年 3 月，股价一直在呈慢牛走势，中间虽然也有回跌，但幅度都不是太深，而且上升的主旋律一直没有改变，2018 年 2 月底，14 日均线在股价又回跌的带动下，慢慢地挨到了 28 日均线，但犹豫了几天后，还是没有做错事，最终还是选择了"悬崖勒马"回头上升（见图 1-19）。

悬崖勒马

图 1-19 慢牛主升浪中的"悬崖勒马"回调，很有节制

投资哲理小故事

一天，动物园管理员发现袋鼠从笼子里跑出来了，于是开会讨论，一致认为是笼子的高度过低。所以他们决定将笼子的高度由原来的 10 米加高到 20 米。结果第二天他们发现袋鼠还是跑到外面来，所以他们又决定再将高度加高到 30 米。没想到隔天居然又看到袋鼠全跑到外面，于是管理员们大为紧张，决定一不做二不休，将笼子的高度加高到 100 米。一天长颈鹿和几只袋鼠在闲聊，"你们看，这些人会不会再继续加高你们的笼子？"长颈鹿问。"很难说。"袋鼠说，"如果他们再继续忘记关门的话！"

投资感悟

这个"悬崖勒马"的技术走势常常出现在主升浪"天女散花"中，股价先有一波不大幅度的拉升，然后缩量回调，下面的大均线 610 日均线、377 日均线、233 日均线、144 日均线、89 日均线、57 日均线都呈一定的斜率向上，说明股价处于一定的强势状态，短期内这种拉升的大趋势不会改变，而且是前期的小幅拉升的高点的成交量再不是很大，说明主力资金没有在这里出货，所以股价的下跌是暂时的、是有节制的。这不，均线已经在偷偷地告诉我们了，止跌回升了。接下来在越过前期高点的时候就是我们大打出手的时候了。

股市谚语：赢家有自律，输家无原则。

五、"知错就改"

这个词语的意思是比喻人知道了错误就改正。在股市里，我们把股价经过一波拉升之后开始疲软，14 日均线开始向下穿越 28 日均线后，不再下行，慢慢走平，然后又好像人做错事一样意识到这样不对，然后"知错就改"地向上穿越 28 日均线，我们把股价的 14 日均线下穿，又上穿 28 日均线的这个过程称之为"知错就改"。

列宁曾说过："聪明的人并不是不犯错误，只是他们不犯重大错误，同时能迅速纠正错误。"一个人难免犯错误，关键在于犯错之后能够严肃地对待错误、改正错误。

楚文王曾经沉溺于打猎和女色，不理朝政。太保申借先王之命，要对楚文王施以鞭刑，在太保申的坚持下，楚文王被迫接受。楚文王伏在席子上，太保申把 50 根细荆条捆在一起，跪着放在文王的背上，再拿起来，这样反复做了两次，以示行了鞭刑。文王不解说："我既然同意接受鞭刑，那就索性真的打我一顿吧！"太保申却说："我听说，对于君子，要使他们心里感到羞耻；对于小人，要让他们皮肉尝到疼痛。如果说让君子感到羞耻仍不能改正，那么让他尝到疼痛又有何用处？"楚文王听后深深自责，从此不再去打猎，也不再沉溺女色，奋发图强，不久就兼并了 39 个国家，扩大了楚国疆土。

文王因改过而成就了他的英名，也造就了楚国的盛况，然而有着西楚霸王之称的项羽却因为不能勇于承认自己的错误，刚愎自用，最终落得个乌江自刎的下场。

一次错误就是一次教训，改过自新，才能不断成熟起来。

法国伟大的思想家卢梭写过著名的《忏悔录》，他要做的是"把一个人真实的面目赤裸裸地暴露在世人面前，这个人就是我"。因此在《属性录》中，他直面自己的隐私，痛责自己的过错。他曾写到：自己少年当仆人，偷过主人家一条用旧的丝带，主人发现后，他在众目睽睽之下，将此嫁祸于诚实的女仆玛丽，破坏了她纯洁、善良的名声。

那时的卢梭是可恶的，自己偷东西还嫁祸于人，但后来他仍受人敬重，为什么呢？这就是因为他能勇于承认错误，并能及时改正错误，而不是掩饰自己的错误。

人非圣贤，孰能无过？过而能改，善莫大焉。索福克勒斯也说过："一个人即使犯了错，只要能痛改前非，不再固执，这种人并不失为聪明之人。"承认错误并不是自卑，也不是自弃，而是一种诚实的态度，一种锐意的智慧。

股价也是和人一样，既然人家愿意"知错就改"，我们还认为它是好股票，在很多时候，这个"知错就改"的技术形态就是股价的主升浪，前面有一小波拉升，把均线系统排好，然后向下洗盘，把一小波拉升时跟进去的获利盘和前期套牢的解套盘都洗出来，以便减轻后面的拉升阻力。判断是不是主升浪，要取决于前面的一波拉升的幅度大小，如前面的一波拉升幅度不大，那么这就是主升浪，如果前面的一波拉升很大，那么这有可能是庄家为了出货反复做头，这个时候行情的期望就不要太高，因为反复拉高出货就会形成"魔鬼缠身"的技术形态，有时候在股价"天女散花"的行进过程中，会反反复复出现这种"知错就改"，那都是股价的短期正常回调，股价跌但大的趋势不会改变，我们知道大的趋势后，就按照股价形态给出的提升高抛低吸一路持有就是。

案例1：世纪华通（002602）：

2013年10月17日，盘整多日的股价走出了"知错就改"的技术走势，第二天停牌了，复盘后的走势不是一般的涨，而是连拉了15个涨停板，我们知道，一般情况7个涨停板股价就差不多翻一番，也就是说，这个股票"知错就改"的买点给我们带来的利润是直接翻两番，也就是说，在"知错就改"当天买入假如是10万元的话，等第15个涨停板打开后，这10万元的资金卖掉股票后就变成40万左右（见图1–20）。

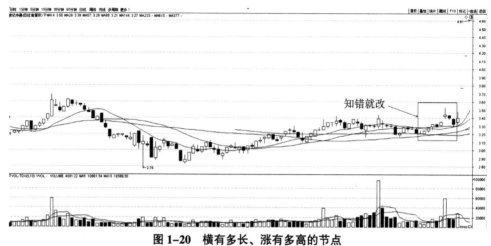

图1–20　横有多长、涨有多高的节点

这个股票的涨幅为什么这么大？我们纵观一下全票：该股自上市以来，基本就没有做过什么行情，这个属于一步到位的主升浪行情，所以我们以后选择股票的时候，就以这个为例，最好选择那些次新股，最好是没有做过行情的那种。来，欣赏一下艺术品一样的K线图（见图1–21）。

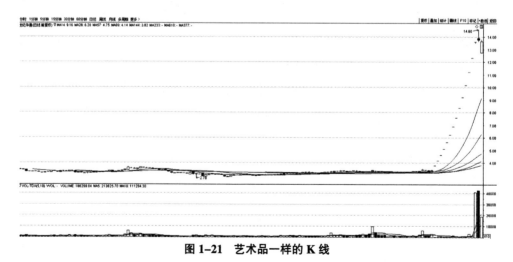

图1–21　艺术品一样的K线

案例2：漫步者（002351）

这个股票的均线系统完全多头排列，在"知错就改"前面的一波涨幅并不大，从成交量上看，股价也没有出货的意思，这个就属于在"天女散花"行进过程中的短暂停留，股价稍作调整就会继续"天女散花"的漫漫征途（见图1-22）。

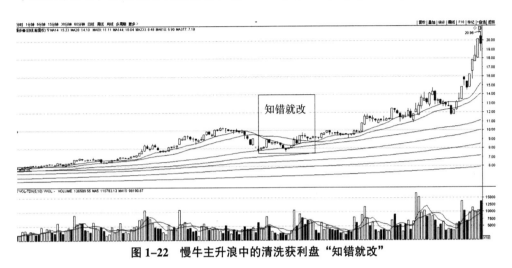

图1-22 慢牛主升浪中的清洗获利盘"知错就改"

案例3：利尔化学（002258）

经过多日整理的利尔化学，股价在均线系统呈完全多头排列的情况下，14日均线慢慢向下，下穿28日均线，向下洗盘，做拉升前的最后清理，看看日益萎缩的成交量，就知道盘面挺干净的，顽固分子并不多，拉升指日可待。2017年12月12日，14日均线又上穿28日均线，然后股价在14日均线稍作停留，就步入漫漫的上涨征途（见图1-23）。

图1-23 主升浪中的清洗必不可少，但"知错就改"是高抛低吸的最佳点位

案例4：古井贡酒（000596）

该股在形成"天女散花"本来技术走势以后，并没有急于拉升，而是一直在窄幅横向整理，很是折磨耐心，终于在2017年9月19日，股价形成"知错就改"技术走势，而在这前一天的2017年9月18日，一边放量涨停的大阳线一举突破14日均线、28日均线，股价同时形成"连闯两关"的技术形态，均线走势和K线形态复合出现，更加暴露了主力拉升的意图（见图1-24）。

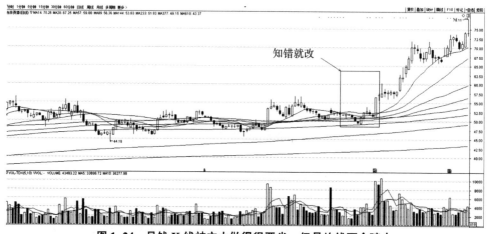

图1-24　虽然K线被主力做得很恶劣，但是均线不会骗人

案例5：桐昆股份（601233）

该股在2017年7月12日，14日均线上穿最上面的一根144日均线后，技术形态形成"天女散花"的技术走势，股价进入主升浪。但是接下来的走势并没有大幅拉升，而是围绕着14日均线横盘整理，一直到2017年10月31日，在股价向下调整的带动下，14日均线又下穿28日均线，难道就这样"落下帷幕"了？接下来的第14个交易日（注意！恰好14个交易日，很神奇！），股价也意识到这样不好，然后在成交量的温和放大和股价向上的带动下，14日均线上穿28日均线，股价"知错就改"了。接下来的拉升才像样子嘛！这才是主升浪"天女散花"的风范！（见图1-25）

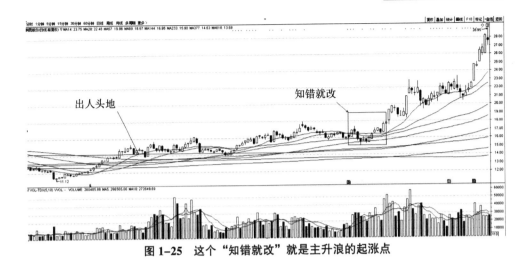

图1-25 这个"知错就改"就是主升浪的起涨点

投资哲理小故事

　　美国总统罗斯福于1912年在新泽西州的一个小镇集会上，向文化层次较低的乡下人发表了一篇演讲。当他在这篇演讲中说到女子也应踊跃参加选举时，听众中忽然有人大声喊道："先生！这句话和你五年前的意见不是大相径庭了吗？"罗斯福不是回避或者掩饰，而是聪明地回答道："可不是吗？五年前，我确实另有一种主张的，现在我已深悟我那时的主张是不对的！"

投资感悟

　　罗斯福总统的这种坦白、忠实、诚恳、亲切的回答，不但使那位问话的人获得了满意的答复，就是其他听众也丝毫觉察不出他有什么不安的情绪。

　　生活中，每个人都会犯错误，这个道理人们都懂。犯了错误又及时改正的大家也一致公认还是好同志。

　　股市也一样啊，股市也是由人组成的啊，所以在股价的14日均线向下穿越28日均线时，不管它的走错是真错还是主力刻意而为之，总归是错了，我们要及时退出资金，不要和它一起犯错，一直等到14日均线在上穿28日均线，"知错就改"了，我们这个时候才认为它还是个好同志，再买入，与它同行。如果它自暴自弃、破罐子破摔，一直错下去，那时14日均线就会一直固执地向下在穿越 57 日均线、89 日均线、144 日均线等，形成"不求上进""执迷不悟""去意已决"等下跌的技术形态，真要是这样的话我们就不要再做些试图挽救它的无用功，这个时候我们的力量很是微小，不能使固执的它回心转意的，况且，股市里好的股票多得是，我们再找一个就是。

好多证券书中经常说高抛低吸，但是实战中我们经常是看到股价下跌就害怕，一害怕就把股票卖了，结果卖在了低处，卖好以后，看到股票又涨起来了，我们就又后悔，再把它买回来，结果又买在了高处。经常是心里想着高抛低吸，手里做着低抛高吸。以后我们认识了这些技术形态后，就会知道股价的高和底，就能够心手一致了，真正地做到高抛低吸了。

说到这里，顺便说说游资和主力做股票的区别。

什么是游资？热钱（Hot Money），又称游资，或叫投机性短期资金。热钱的目的在于用尽量少的时间以钱生钱，是只为追求高回报而在市场上迅速流动的短期投机性资金。热钱的目的是纯粹投机盈利，而不是制造就业、商品或服务。

什么是主力？主力是指主要的力量，一般也指股票中的庄家。庄家也是股东，通常是指持有大量流通股的股东。庄家可以影响甚至控制股票二级市场的价格。庄家和散户是一个相对的概念。

股价持续上涨自然是大家希望的，但股价拉升是游资行为还是主力带动？却能关系到个股的后期走势，同时也在相当程度上决定了后期上升的空间，因此分别理解这两类资金的操作思维对我们来说是十分重要的。区别如下：

（1）股价启动时的表现不同。尽管有很多时候都是当天涨停，但由于游资没有经历建仓的过程，喜欢抢筹，快速就会封死涨停。有的游资更是直接开盘就涨停封住吃货；主力股（庄股）都是先拉高，在高位横盘一段时间，然后再慢慢地推到涨停。找一个合适的时机、合适的点位，用最小的代价把股价拉上去，是主力的惯用操盘手法。

（2）成交量上有明显的区别。由于游资在抢货之前没有建仓环节，成交量相对之前很长时间有明显放大。由于游资来去匆匆，抢筹出货都容易用极端手法，所以游资操作过的股票，容易出现天量、巨量；主力拉升的量肯定比平常要大，但不会大得离谱，正常都是温和放量；庄股无论涨了多高，只要成交量不连续异常放大，主力就还在，就随时有反攻的可能。短线游资突击的股票恰恰相反，一旦后面成交量大幅萎缩，就说明主力没钱了，或者玩击鼓传花游戏的时候，后面的资金就跟不上了，那股价很快会掉头下来，萎靡不振。快涨快跌，成交量大幅变化的股，大多都是游资操作的股票。

（3）洗盘风格的不同。在股价拉升后，中间必然也会出现洗盘走势，一为洗掉获利浮筹，二为洗掉上方筹码，三为拉高市场持仓成本。游资操作的股票的洗盘多半是盘中就完成了，或者用 2~3 天完成。而这里有一个很重要的区别点。短线游资炒作的股票，中间喜欢用大阴线巨量洗盘，甚至会间隔性地大阴线洗盘 2~3 次，比如涨停后放量大阴线了。游资炒作的股票，洗盘主要目的是为了吃更多的货，便于做后期的拉升；主力操作的股票在拉升途中的洗盘虽然会有阴线，但往往阴线不会特别大，或者只会有一次高开造成的阴线，连续的或者间隔的放量大阴线不会有。主力操作的股票本来筹码就很稳定，他的洗盘只是不断抬高市场平均成本，为最后的出局做准备，而不是为了吃更多的货。

（4）流通盘的不同。一般游资不参与大的流通盘的股票（大概 5 个亿以上的不参与）。流通盘太大，所需要的资金量也大，上涨拉升吃力，上涨速度不快。

（5）分时走势不同。主力庄家在拉升股票时，分时走势往往是 N 字波拉升，然后震荡调整，收盘是大阳线，而且经常不让股票涨停板。游资拉升的分时走势往往是低位震荡小幅盘，然后以迅雷不及掩耳之势直线上升至涨停板。

（6）盘口买卖单的不同。主力庄家在拉升股价时，很少用连续的大单向上扫货，这是因为他们已经不需要抢筹。他们往往在关键的价位用大单向上攻击，起到"四两拨千斤"的作用。游资的买单往往是连续的 3~4 位数大单蜂拥而上直到涨停。这主要是因为游资没有建仓的过程，需要快速抢筹。

值得注意的是，大多数主力庄家控盘的股票一般游资不敢参与。主力介入较深的股票，游资一旦发动上涨的行情，主力庄家往往是在涨停板的当天大肆出货，又在第 2 天大幅低开，套牢游资，或者是第 2 天冲高回落。前几年有一些游资就死在主力庄家手里。特别是一些公募基金和机构重仓的股，往往看到游资进来抢筹的时候，龙虎榜上总有机构出货的席位。了解了这些以后，我们在投资过程中遇到一些操盘手法就能帮助我们判断股票以后的走势。

做交易，我们要时刻记住我们的利润产生在哪里。其实就是产生在主力做盘所产生的差价中，再说得直白点，就是赚主力的钱，有些时候也要学学下面这个小孩，在别人不留意又想不到的地方，多动脑筋，用别人想不到的方法，寻找赚钱机会，以便有钱买糖吃呀！

只要用心，揩主力资金点油还是可以的。

投资哲理小幽默

　　有一个小孩子，他有个坏毛病，那就是好吃懒做。孩子的父亲时时刻刻都指望他能改掉这个不良习惯。然而那个孩子一点也没有改正自己缺点的意思。父亲不得不随时随地提防自己的孩子，担心他会把家里的钱或值钱的东西偷到外面去换吃的，这位父亲觉得自己每天都活得很累、很辛苦。不过说来也怪，孩子虽说好吃懒做，却从没偷过家里的钱，也没有听说过他在外面偷过左邻右舍的东西。他弄钱的办法完全是一种正当的手段。比如说你给他钱买酒，他会少买一点酒，然后把剩余的钱一股脑儿买了吃的。无论是买油盐还是买酱醋，他总会用相同的办法省出钱来满足他那张不争气的嘴……

　　为了使孩子的懒惰不再滋长，父亲决定给孩子一些力所能及的事做。尽管如此，孩子依然我行我素，把父亲的话当作耳旁风。

　　有一回，父亲一气之下扔了一分钱给孩子，让他去买油。父亲心想，我看你会把钱掰成两半一半买油一半买吃的不成？孩子到了店里，售货员给他装满了油，把瓶子递给他，手却不缩回去。孩子知道售货员要的是钱，就装模作样地在自己浑身摸了一遍，然后苦着脸告诉售货员说钱掉了。售货员无奈，只好把瓶子里的油倒出来，把空瓶子还给孩子。

　　孩子嘴里哂着一粒糖，双手抱着那个油瓶子，兴致勃勃地回到家里。一进门，父亲劈头就问，油呢？孩子举了举瓶子。瓶子壁上附着的油正慢慢流回瓶底里，差不多有一小勺。父亲大怒，这点油怎么能吃？孩子说，一分钱只能买到这么多。

股市谚语： 耐不住寂寞，拿不住股票。

六、"浪子回头"

生活中，有形容社会上一些失足青年洗心革面、幡然悔悟的一句名言"浪子回头金不换"。

股市中，股价经过一波拉升后 14 日均线走软、下行，然后下穿 57 日均线再上穿 57 日均线的过程。我们称它为"浪子回头"。在股价下穿 14 日均线后一直向下从而带动 14 日均线也向下穿越 28 日均线、57 日均线时，我们把它比喻为不干好事的浪子，等 14 日均线不再下行、走平，有回头向上穿越 57 日均线的时候，我们就认为它有"浪子回头""回心转意""重拾升势"的想法。这时我们就要及时地把前面卖掉的股票再买回来。

案例 1：包钢股份（600010）

2017 年 5 月 2 日，股价继 "落下帷幕" 后 14 日均线又下穿 57 日均线。股价 "不求上进"。2017 年 6 月 14 日，14 日均线又上穿 57 日均线，股价"浪子回头"了，这时我们就要及时地把前面卖掉的股票再买回来（见图 1-26）。

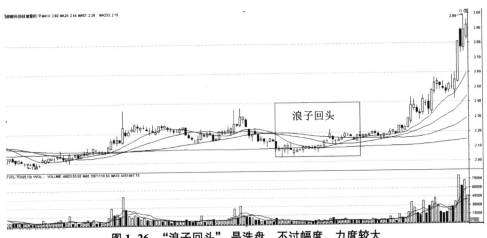

图 1-26 "浪子回头" 是洗盘，不过幅度、力度较大

案例 2：万科 A（000002）

2017 年 8 月 15 日，股价继 "落下帷幕" 后 14 日均线又下穿 57 日均线。股价 "不求上进"。2017 年月 6 日，14 日均线又上穿 57 日均线，股价 "浪子回头" 了，这时我们要及时地把前面卖掉的股票再买回来（见图 1-27）。

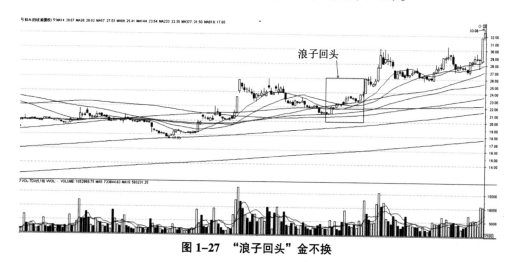

图 1-27 "浪子回头" 金不换

案例 3：英科医疗（300677）

2017 年 12 月 8 日，股价继 "走向深渊" "落下帷幕" 后 14 日均线又下穿 57 日均线。股价 "不求上进"。2018 年 1 月 16 日，14 日均线又上穿 57 日均线，股价 "浪子回头" 了，这时我们就要再及时地把前面卖掉的股票买回来（见图 1-28）。

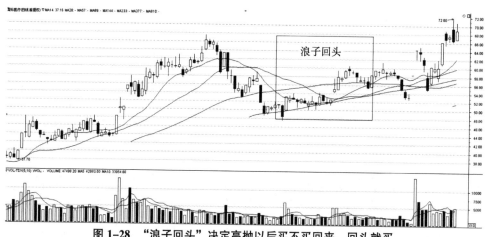

图 1-28 "浪子回头" 决定高抛以后买不买回来、回头就买

案例 4：海峡股份（002320）

海峡股份，经过长期的横盘整理后，均线系统各就各位，股价形成了"天女散花"的技术走势，然而股价并没有涨多少就开始横盘整理，整理了一段时间以后，还嫌不过瘾，然后又"走向深渊""落下帷幕""不求上进"，然后股价在144 日均线上寻求到了支撑，不再下探，后又在成交量慢慢放大下，股价慢慢回升，站到了 14 日均线之上，沿着 14 日均线慢慢向上爬，下面的 14 日均线也悄声无息地又上穿 57 日均线，股价形成"浪子回头"的技术形态。然后又开始横盘整理，在大家都慢慢淡忘、觉得这个股或者是这个技术形态不行的时候，同时也把前期高点筹码磨得一点脾气也没有的时候，股价一个"势如破竹"，开启了上涨的走势（见图 1-29）。

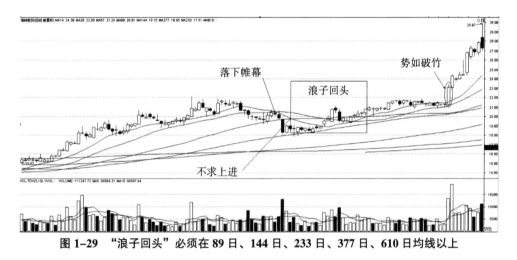

图1-29　"浪子回头"必须在 89 日、144 日、233 日、377 日、610 日均线以上

这个海峡股份，本来股价已经"天女散花"，按说应该大涨了，可是股价并没有大涨，而且又横盘、下跌，至于为什么这样走，这里边的具体原因我们就不要想办法去求证了，既然下跌，肯定有它的理由，要么是前期高点的获利、解套筹码不出来，或者是这里边沉淀的有大资金洗不出来，或者是主力资金的拉升资金不到位，或者是该股的基本面配合的时间节点不对，或者是该股不是当前热点……但是不管是什么原因，它只要不涨，就肯定有它的理由，我们不管什么理由都不进入。看着这一连串的技术形态，我们只是保持高度警惕知道有主力资金在倒腾它，至于什么时候进场，技术形态会及时地给我们明确的信号的，"浪子回头"形成的时候，股价并没有放量，也没有明显的攻击形态，股价只是沿着

14 日均线慢慢走，最后明确让我们进场的技术形态是：2018 年 1 月 16 日，量价双启动的"势如破竹"，进场点位非常明确，时间非常从容，一天都没有封停，只要你认识这个形态、看懂了这个股票近期的一连串的技术形态，明确它的走势，这个时候我们只要跟上就可以了。就可以免去漫长等待的时间成本，享受最快、最大、最安全的拉升乐趣。

投资哲理小故事
一个乞丐的艳遇

曾经有一个卖花的小姑娘在卖完大部分的花之后，发现天色已晚，所以决定早点回家，这时她发现手上还有一朵玫瑰花没有卖完，她看到路边有一个乞丐，于是就把那朵玫瑰花送给了乞丐，然后就开开心心地回家了！

这个乞丐从来没有想过居然会有这么好的事情发生在自己身上，从来没有想过居然会有美女给自己送来玫瑰花。当真是太阳从西边出来了，也许乞丐从来没有用心爱过自己，也没有接受过别人对自己的爱。

于是他做了一个决定，当天不行乞了，回家！

回到家之后，他在家里找出一个瓶子装上水，把玫瑰花插进去养起来，然后把花放在桌子上静静地欣赏着玫瑰的美丽。忽然他似乎想到什么，然后他马上把花拿出来，把瓶子拿去洗干净后再把花插进瓶子里。

原来，他突然间觉得，这么漂亮的花怎么能随意插在这么脏的瓶子里？所以他决定把瓶子洗干净，这样才配得上这么美丽的玫瑰！

做完这些工作后，他又坐在边上静静地欣赏着美丽的玫瑰，突然间他感觉这么漂亮的花和这么干净的瓶子怎么能放在这么脏乱的桌子上，于是他开始动手把桌子擦干净，把杂物收拾整齐。

处理完之后他又坐在边上静静地欣赏眼前的一切，突然间他感觉到这么漂亮的玫瑰和这么干净的桌子怎么能放在这么杂乱的房间里呢？

于是他做了一个决定，把整个房间打扫一遍，把所有的物品摆放整齐，把所有的垃圾清理出房间……

突然间整个房间因为有了这朵玫瑰花的映射而变得温馨起来！

这时他仿佛忘记了自己身在何处，正在陶醉时，突然发现镜子中反射出一个蓬头垢面、不修边幅、衣衫褴褛的年轻人，他没想到自己居然是这个样子，这样的人有什么资格待在这样的房间里与玫瑰相伴呢？于是他立刻去洗了几年来唯一洗过的，也是第一次的澡，洗完之后找出几件虽然显得有点旧，但稍微干净的衣服，刮完胡子之后，把自己从头到脚整理了一番，然后再照照镜子，突然间发现一个从未有过的年轻帅气的脸出现在镜子中！

这时候，他突然间觉得自己也很不错，为什么要去当乞丐呢？这是他当乞丐以来第一次这样问自己，他的灵魂在瞬间觉醒了，其实我也很不错，再看看房间中的一切，再看看这朵美丽的玫瑰，他当下立刻做出了一个人生中最重要的决定。

他决定第二天不再当乞丐而是去找工作，因为他不怕脏和累，所以第二天他很顺利就找到了一份工作。或许是因为他心中盛开的玫瑰花激励着他，随着他的不懈努力，几年后他成了一个非常有成就的企业老板！

若干年后，他终于寻找到当初送花给他的小姑娘，并把他一半的财产送给了小姑娘，不为别的，只为感激在他沦落为乞丐时送他的一朵玫瑰！

那不是一朵玫瑰，而是一份希望，一份对人生的希望，一份是对美好未来的希望！

这就是所谓的"赠人玫瑰，手有余香"的典故。

投资感悟

其实每个人都是最棒的！每个人都是最优秀的！我们要相信自己，无论如何都不要放弃自己！不要把自己沉沦在失败的边缘，只要让自己开始做一些小小的改变，那么我们的人生就会开始与众不同。当改变自己时，一切都改变了。

生活中没有一帆风顺的人生，股市里没有一直上涨的股票。证券市场里，有不少后来成为黑马走势的个股，在起涨前都会出现一些令人意外的令原持有者恐怖的事情。如果一些个股经历过令人不能接受的阶段，又出现了令人振奋的走势，这里的机会往往是非常大的，这类个股非常容易成为阶段市场涨幅最大的个股，因为主力这样做也是有成本的，他既然这么不计代价地去这样做，他的投入一定要加倍收回。

所以在上涨初期越是折腾厉害的股票，在后面的拉升中一定顺畅而且涨幅大。

"浪子回头"这样的股票走势，形成的原因基本上也是股价经过一波拉升后有洗盘的需要。技术形态特别好认，操作方法也很简单，在发现股价盘整理以后，开始拉升了，一波不大的涨幅以后股价开始下行，这个时候我们就注意它的14日均线什么时候又走平，不再下行，而且股价又站上了14日均线"万丈高楼平地起"了，也暂时不要进入，等"万丈高楼平地起"这波涨幅涨好以后，一般情况下这波涨幅不会很大，等三两根阳线也就是出现"多事之秋"后，股价回打，收出阴线，打至14日均线附近，14日均线刚好又上穿57日均线，这个时候就是我们的最佳低吸点位，小仓位低吸后，等股价收出阳线把阴线吃掉，我们就加仓，等越过前期高点，就重仓出击。

虽然俗话说："好马不吃回头草"；可俗话又说："浪子回头金不换！"

股市谚语：缩量不跌，筑底成功，放量不涨，头部将现。

七、"迷途知返"

这个词的意思是指迷了路知道回来。比喻发觉自己犯了错误，知道改正。出自晋陈寿的《三国志·魏志·袁术传》："以身试祸，岂不痛哉！若迷而知返，尚可以免。"

在股市里，一些个股经过一波拉升以后，股价就开始调整，但是调整起来似乎没完没了，14日均线在调整过程中现实走软、走平，然后下穿28日均线，然后也没有一点回心转意的意思一直往下走，又相继穿越57日均线后，也没有浪子回头的意思，就在股价继续向下穿越89日均线以后，股价才终于放慢了脚步，有了"迷途知返"的意识，但是真的能够不能够"迷途知返"，接下来只要14日均线不再向下行，而是慢慢回头，又上穿89日均线，我们把这个14日均线下穿89日均线后又上穿89日均线的这个过程称之为"迷途知返"。

案例1：蓝光发展（600466）

股价在前面的一根大阴线击破14日均线形成"走向深渊"的技术走势后，14日均线又相继下穿了28日均线和57日均线，2017年10月17日，股价又下穿了89日均线，形成了"执迷不悟"的技术形态，然后横盘整理了三个多月，2018年1月2日，14日均线向上穿越89日均线，股价形成了"迷途知返"的技术走势。然后就是一波波澜壮阔的上涨（见图1-30）。

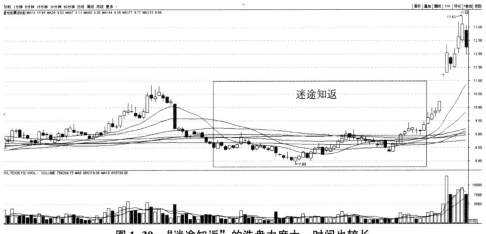

图1-30　"迷途知返"的洗盘力度大、时间也较长

案例2：神火股份（000933）

该股经过前期的长期横盘筑底后，有一小波的小幅拉升，然后股价开始横盘整理，从量能上看，这波拉升和回调都没有放量，说明筹码锁定度高而且主力隐匿其中。2017年5月5日，股价下穿14日均线以后，开始下行，14日均线也由走平开始拐头向下，相继下穿28日均线、57日均线后，又下穿了89日均线。然后经过了34（斐波那契的神奇数字）个交易日的缩量调整后，股价开始稳步上升，2017年6月28日，14日均线上穿89日均线，股价形成"迷途知返"的技术走势，然后接下来的上涨一气呵成，股价从6元左右涨到了15元左右，上涨幅度近150%（见图1-31）。

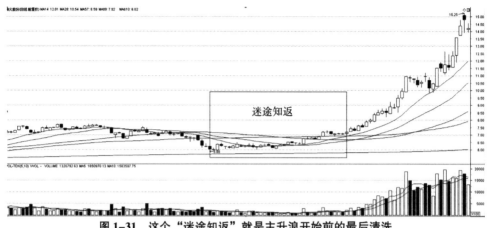

迷途知返

图1-31　这个"迷途知返"就是主升浪开始前的最后清洗

案例3：常山股份（000158）

这个股票在经过一波拉升以后，庄家义无反顾地进行调整，虽然从日益萎缩的成交量来看，洗盘是铁定的事实，但是股价确实也从2014年的4月开始就不走正路、迷路了，找不到上升的路了，在生活中，我们遇到这样的人，可以做个好人好事给他指指路，在股市中不能这样做，我们只能等待，等待主力资金自己"迷途知返"，看，主力经过三个月的装疯卖傻，不走正路，在6月25号这天，终于想通了。何以见得？从均线上看，14日均线上穿了89日均线，从股价上看，一根脱颖而出的大阳线大大方方地站在这个节点处，从这两方面来看，股价"迷途知返"了，二话不说，跟上就是。接下来，七个涨停板，股价翻番，真是惬意啊！（见图1-32）

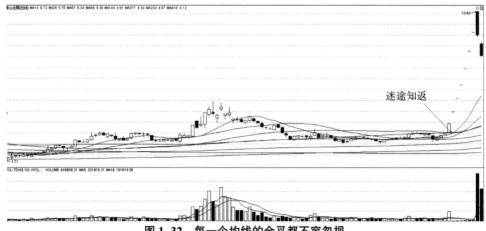

迷途知返

图1-32　每一个均线的金叉都不容忽视

案例 4：洛阳钼业（603993）

2017 年 5 月 5 日，股价在经过一波调整以后，14 日均线继续下行，相继击破 28 日均线、57 日均线后，又下穿 89 日均线，然后股价在 377 日均线和 610 日均线的双重支撑下，不再向下探，后又在成交量的配合下，逐渐回升，在整理了 34（斐波那契的神奇数字）个交易日以后的 2017 年 6 月 23 日，14 日均线上穿 89 日均线，股价形成"迷途知返"的技术走势后，股价又横盘整理了 7 个交易日，在 14 日均线上下，形成了"起死回生""势如破竹"的复合技术形态，然后股价就疯狂上涨（见图 1-33）。

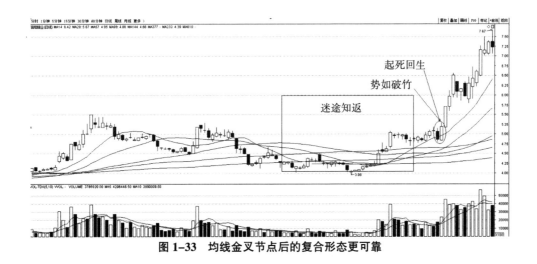

图 1-33　均线金叉节点后的复合形态更可靠

案例 5：长鹰信质（002664）

这只股票迷路的时间稍长些，但是后面知返以后涨的时间和幅度也更让人欢喜。大概是主力对迷路时间稍长的一些补偿吧，是对有耐心的投资者的额外奖赏！（见图 1-34）

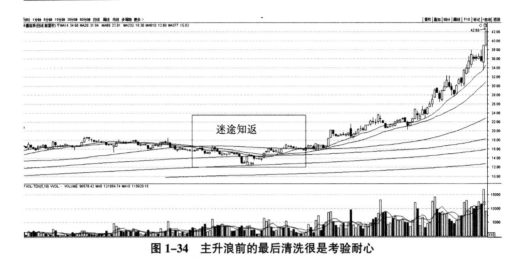

迷途知返

图 1-34　主升浪前的最后清洗很是考验耐心

投资哲理小故事

陶渊明的故事

　　晋代大诗人陶渊明在中国文学史上是非常有名的。虽然其家世代为官，但他八岁丧父，十二岁丧母，家境非常贫寒。而陶渊明人穷志不短，勤奋读书。后来，他在叔父的引荐下成为彭泽（今属江西）县令。然而，陶渊明本性热爱自然，上任没几天便思念故土，想辞官归去。他觉得，出来当官只是为了糊口，可衣食无忧之后却由于所做之事违反了内心本意，非常痛苦。不久，陶渊明的妹妹在武昌（今河北鄂城）去世。他想立刻去吊唁，于是辞去了官职。就这样，陶渊明仅当了八十多天的官就又过上了田园生活。又据记载，陶渊明是因不肯屈从于郡里派来的一个盛气凌人的督邮，才交出官印、隐居田园的。陶渊明隐居后，便写下了《归去来兮辞》，也就是成语"迷途知返"的出处。在这篇赋的序中，他总结了自己走过的生活道路，认识到过去虽已无可挽回，但未来的事还来得及弥补。意思是出来当官已错，现在归隐还来得及。自己确实迷失了道路，好在虽迷了路但还知道回来。他的许多田园诗正是在此之后创作出来的。

投资感悟

股票投资生涯过程中，就如一个人的人生一样，不会一帆风顺的，有时会迷路，不要急，慢慢来。走错路也不要紧，但是一定要记住："浪子回头""迷途知返"。

春种秋收，什么时候该干什么事就干什么事，股价"执迷不悟"卖出没有错，不卖的话就要把利润再退回去，有时候甚至还要罚款，本来是盈利的到最后不但不盈利，连本金都有可能受损失。但是股价又"迷途知返"时要赶紧再买回来！

投资感悟

每只股票都附有说明书，电脑按 F10 键。虽然里面的说明清楚明白无遗漏，但你是否真的能读得懂？而且真的能读到你所需要的信息？或者真的能找到左右股价的信息？财务报表造假的事情我们就不说了，最近这些年好多了；利好推迟发布、发布前停牌、复牌就是一字涨停板；利空推迟发布、发布前停牌、复牌就是一字跌停板；虚假意向合同……

我提倡：重视基本面但不能完全依赖基本面；看重业绩的同时更要关注股性的活跃度；分析股本更要看重它的市场表现。

股市谚语：上涨为了出货，下跌为了吸货。

八、"痛改前非"

这个成语的意思是指彻底改正以前所犯的错误。出自明朝凌蒙初的《二刻拍案惊奇·痴公子很使噪脾钱》："你痛改前非，我把这所房子与你夫妻两个住下。"在股市里，我们是指股价经过一波拉升后，开始走下坡路，一直不务正业，直到 14 日均线下穿 28 日均线、57 日均线、89 日均线、144 日均线后才有止跌的意思，等股价止跌慢慢回升，14 日均线重新上穿 144 日均线的时候，我们就把这个 14 日均线下穿、144 日均线又上穿 144 日均线的过程称作是"痛改前非"。

股价经过一波拉升以后，盘中积累不少获利筹码，前期的套牢筹码也得到解放，股价再继续往上拉升的时候，就会遭到这双重抛压，所以主力就会趁着大盘不好或者基本面一些小小的利空顺势让股价下行，旨在洗出解放的套牢盘和在前期相对底位跟进的获利筹码，以减轻股价后面继续上行的压力。但是这个时候表现在盘面上好像股价走坏了一样，其实不然，看看前期的拉升幅度大不大和回调时的成交量就知道，主力是在洗盘而不是行情就此结束。

案例1：华夏银行（600015）

该股在前期经过一波拉升后，不再上涨，开始横盘整理，但横盘似乎不太过瘾，股价又开始向下调整，慢慢地运行到了14日均线之下，14日均线在股价的带动之下也从上行变为下行，并慢慢地穿越了28日均线，股价的上涨暂时"落下帷幕"，紧接着，股价又带动14日均线继续下行，下穿57日均线，形成了"不求上进"的技术形态，接下来的调整并没有停止，股价继续下行，14日均线又下穿了89日均线，在下行整理的道路上股价还是"执迷不悟"。2017年4月28日，14日均线下穿144日均线，看来股价"去意已决"。但回顾整个过程，这一波的上涨、横向整理，和后面的下跌，整个过程都没有放量，说明主力资金肯定隐匿其中。

2017年7月6号，在成交量的温和放大和股价的稳步回升中，14日均线拐头向上，股价也重新站上14日均线，14日均线一路上行，并相继上穿28日均线、57日均线、89日均线后，马不停蹄地又上穿了144日均线，股价"痛改前非"了，痛改前非的股价，还真是没有让人失望，接下来的8个交易日，股价由9元左右推向了10.64元的最高价，上涨幅度在12%左右（见图1-35）。

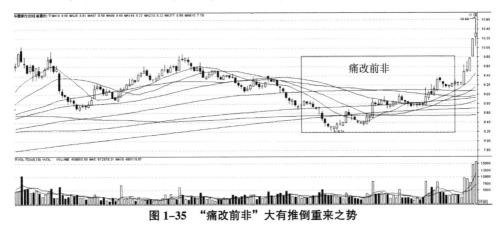

图1-35 "痛改前非"大有推倒重来之势

案例2：华鹏飞（300350）

这个主力比较狡猾，在 2014 年的 7 月 8 号，14 日均线上穿 144 日均线以后，紧接着来了一根大阴线，而且又装模作样地往下走，一直走到 14 日均线下的 144 线附近，从脚底下萎缩的成交量来看，很少的人在抛出，谁在卖出呢？卖出的肯定是不相信庄家会痛改前非的那一部分人，2014 年 7 月 18 日的这天，停牌了。

2015 年 1 月 28 日，复牌了，一字板，而且连续拉了 8 个涨停板。这个时候，你再说相信庄家会痛改前非也晚了，不给机会了，一字板你怎么买！想买也买不到了，这就应验了马云说过的那句很豪气的话：昨天你对我爱搭不理，明天我让你高攀不起！生活中，会有一些人不干好事，净干坏事，但是，这些人一旦醒悟了，只要下决心痛改前非，也会大有作为的。股票也一样（见图 1-36）。

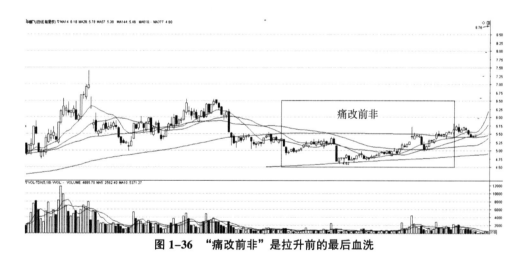

图 1-36　"痛改前非"是拉升前的最后血洗

案例3：德赛电池（000049）

2016 年 12 月 21 日，经过多日回调的德赛电池，继续向下调整，14 日均线在股价下行的带动下，相继穿越了 28 日均线、57 日均线、89 日均线后，又穿越了 144 日均线，看来，股价的下调不但是"执迷不悟"，而且是"去意已决"啊！

2017 年 2 月 8 日，股价触底回升并带动 14 日均线上穿 144 日均线，股价"痛改前非"了。这个时候我们前期卖掉的股票要及时再买回来，没有做过这个股票的也赶上了进场的好时机，赶紧买入，分享接下来的财富盛宴（见图 1-37）。

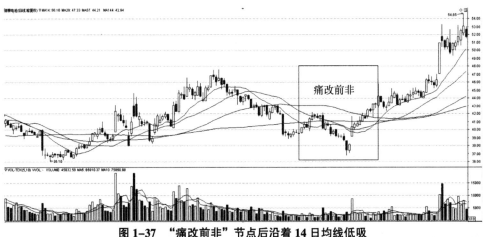

图 1-37 "痛改前非"节点后沿着 14 日均线低吸

案例 4：德美化工（002054）

2017 年 3 月 23 日，回调多日的德美化工 14 日均线上穿 144 日均线，股价"痛改前非"了，在这种情况下，既然人家"痛改前非"，我们一定要不计前嫌，跑步进场才是我们应有的正确态度（见图 1-38）。

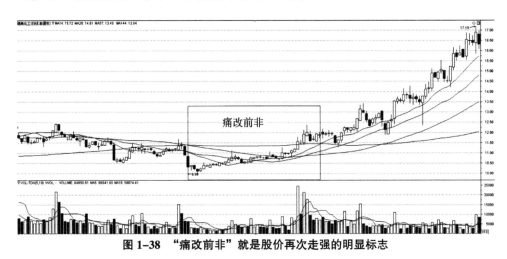

图 1-38 "痛改前非"就是股价再次走强的明显标志

投资哲理小故事

头等舱船票

一对老夫妇省吃俭用地将 4 个孩子抚养长大。岁月匆匆，他们结婚已有 50 年了，拥有极佳收入的孩子们，正秘密商议着要送给父母什么样的金婚礼物。

由于老夫妇喜欢携手到海边享受夕阳余晖，孩子们决定送给父母最豪华的爱之船旅游航程，好让老两口尽情徜徉于大海的旖旎风情之中。老夫妇带着头等舱的船票登上豪华游轮，可以容纳数千人的大船令他们赞叹不已。而船上更有游泳池、豪华夜总会、电影院等，真令他们俩感到惊喜无限。

美中不足的是，各项豪华设备的费用皆十分昂贵，节俭的老夫妇盘算自己不多的旅费，细想之下，实在舍不得轻易去消费。他们只待在头等舱中安享五星级的套房设备，或流连在甲板上，欣赏海面的风光。

幸好他们怕船上伙食不合胃口，随身带着一箱方便面，吃不起船上豪华餐厅的精致餐饮的他们，只好以方便面充饥，如果想变换口味吃吃西餐，便到船上的商店买些西点面包和牛奶。

到了航程的最后一夜，老先生想想，若回到家后，亲友邻居问起船上餐饮如何，自己竟答不上来，也是说不过去。和太太商量后，老先生索性狠下心来，决定在晚餐时间到船上餐厅用餐，反正是最后一餐，明天即是航程的终点，也不怕宠坏了自己。

在音乐及烛光的烘托之下，欢度金婚纪念的老夫妇仿佛回到初恋时的快乐。在举杯畅饮的笑声中，用餐时间已近尾声，老先生意犹未尽地招来侍者结账。侍者很有礼貌地请问老先生："能不能让我看一看您的船票？"老先生闻言不由得生气："我又不是偷渡上船的，吃顿饭还得看船票？"嘟囔中，他拿出船票了。侍者接过船票，拿出笔来，在船票背面的许多空格中画去一格。同时惊讶地问："老先生，你上船以后，从未消费过吗？"老先生更是生气："我消不消费，关你什么事？"侍者耐心地将船票递过去，解释道："这是头等舱的船票，航程中船上所有的消费项目，包括餐饮、夜总会以及其他活动，都已经包括在船票内，您每次消费只需出示船票，由我们在背后空格注销即可。"老夫妇想起航程中每天所吃的方便面，而明天即将下船，不禁相对默然。

我们是否曾经想过，在我们来到世界的那一刻，上天已经将最好的头等舱船票交给了我们。是的，我们可以在物质上、心灵上，完全可以享有最豪华的待遇，只要我们愿意出示船票。许多人在他的一生，只是过着犹如借方便面充饥一般的生活。这并非是他们应有的船票，但他们未曾想到去使用，或根本不知道船票的价值。

投资感悟

股票的最大魅力就在于波动，可是大部分投资者既陶醉于这种升升降降的机会无穷，又走不出迷宫似的涨涨跌跌；既想在这种波幅中寻求差价，又踏不准股价的节拍，找不到股价上涨下跌的临界点。本套书籍就致力于解决这些问题。让你明白股价的运行规律，熟悉主力操盘手法，然后准确地找到股价上涨下跌的临界点，并按照一定的方法及时地买进去和退出来。

主力资金也是人操作的，而且有很多时候，由于股价的规律所致他们也笨得可爱，就比如这个"痛改前非"吧，在走出来之前，是不是也有很多迹象提示他要"痛改前非"？例如：股价的波幅日益收窄了，成交量萎缩了，不支持下跌了，14日均线慢慢走平又开始上翘了，股价下跌的幅度慢慢小了，而且股价由14日均线下面运行慢慢地运行到14日均线上面来了，主力资金给出这么多的提示，我们也一定要猜出是庄家要"痛改前非"了。但是一定不能猜三块哦！因为主力在糊涂的时候已经告诉我们是两块了！

股市谚语： *股价下跌是为了上涨，股价上涨是为了下跌。*

九、"东山再起"

这个词语的意思是指退隐后再度出任要职。也比喻失势后重新恢复地位。出自《晋书·谢安传》："谢安少年既有名声，屡次征辟皆不就，隐居会稽东山，年逾四十复出为桓温司马，累迁中书、司徒等要职，晋室赖以转危为安。"

谢安是陈郡阳夏（今河南太康）人，出身士族，年轻的时候，跟王羲之是好朋友，经常在会稽东山游览山水，吟诗谈文。他在当时的士大夫阶层中名望很大，大家都认为他是个挺有才干的人。但是他宁愿隐居在东山，不愿做官。有人推举他做官，他上任一个多月，就不想干了。当时在士大夫中间流传着一句话："谢安不出来做官，叫百姓怎么办？"到了四十多岁的时候，他才重新出来做官。因为谢安长期隐居在东山，所以后来把他重新出来做官这样的事称为

"东山再起"。

我们把它引用到股市里，从字面意思就不难理解，是指股价失势以后有重新恢复涨势的意思。具体是指：14日均线下穿233日均线又上穿233日均线的这个过程，14日均线走软到下穿233日均线这一大段走势，我们认为是失势的走势，它又走平向上开始上穿233日均线，我们认为它有恢复涨势的意思，具体表现在14日均线上穿233日均线。

现代版的"东山再起"的典型非商界名流史玉柱莫属了，我们来看一个和他相关的案例。

案例1：巨人网络（002558）

巨人网络的董事长史玉柱绝对是当今中国商界最具争议和最具传奇色彩的人物。早年，史玉柱凭借巨人汉卡和脑黄金迅速飞腾，然后因巨人大厦而迅速坠落。经过几年的蛰伏之后，史玉柱依靠"脑白金"和"征途"重新崛起。史玉柱的创业史可以分为上下两个半场——1997年之前的巨人和1997年之后的巨人。1997年之前是天不怕地不怕，高呼口号"要做中国的IBM"，横冲直撞，最后惨败。留下一栋荒草肆虐的烂尾楼，外加几亿元巨债。死过一次后，才知道死亡的滋味。后面这10年，史玉柱如履薄冰，小心翼翼，卖脑白金，投资银行股，进军网络游戏，在一片废墟上，转眼就东山再起，练就了超过500亿元的财富。他又重新注册了"巨人公司"，把网络游戏、投资、保健品等旗下所有业务几乎全部装了进去。

巨人网络原来的名字叫世纪游轮。成立于1997年，由重庆新世纪游轮有限公司整体变更设立，其前身为重庆新世纪游船旅游公司，公司在原重庆新世纪游船旅游公司整体改制的基础上，由股东新增注册资金人民币100万元投资成立有限责任公司，名称变更为重庆新世纪游船旅游有限公司。2011年2月24日，公司公开向社会发行15000000股，股票每股面值1元，注册资本由4450万元增加至5950万元。

2016年4月6日，证监会《关于核准重庆新世纪游轮股份有限公司重大资产重组及向上海兰麟投资管理有限公司等发行股份购买资产并募集配套资金的批复》，核准公司向8家公司发行443686270股股份购买上海巨人网络的100%股权，并同时发行53191489股股份募集配套资金。

2017年4月21日，公司将中文名称变更为巨人网络集团股份有限公司。先看一下公司K线图全貌（见图1-39）。

从图1-39我们可以看出，该股的走势可以分为2015年前和2015年后两个部分。2015年12月8日晚，世纪游轮公告称，由于股票近期波动异常，公司决定停牌就有关事项进行核查。自11月11日开始，世纪游轮股价已经连续20个交易日涨停，从31.65元/股一路涨到212.94元/股，暴涨572.8%。主营业务为游轮和地产的世纪游轮，年前三个季度还亏损着2000多万，现在成为资本市场的香饽饽完全得益于国内手游巨头巨人网络的借壳，后者估值131亿元上市。

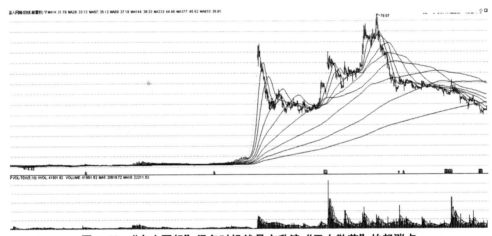

图1-39 "东山再起"很多时候就是主升浪"天女散花"的起涨点

该股自2011年3月2日上市之日到2015年被巨人网络借壳的这几年间，股价一直都是在5元上下浮动，浮动幅度也并不大。就在整理了几年以后的2014年7月1日，该股的14日均线下穿233日均线画了个圆弧以后又上穿233日均线，"东山再起"的技术走势形成了，然后又稳步上行了三个多月，到2014年的10月24日，停牌了（见图1-40）。

2015年11月11日，复牌，股价连拉20个涨停板，把股价从8元左右拉到了63元（前复权计算）（见图1-41）。

其实，在交易案公布后，世纪游轮复牌的走势已经充满想象空间：若按照巨人网络2014年的净利润11.59亿元计算，借壳时的市盈率为11.29倍，而目前A股同类游戏公司估值一般在50倍以上。在从美国股市回归前后，巨人网络的口

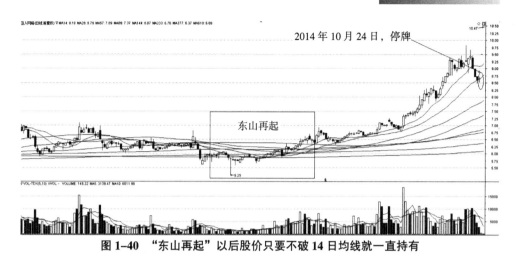

图 1-40 "东山再起"以后股价只要不破 14 日均线就一直持有

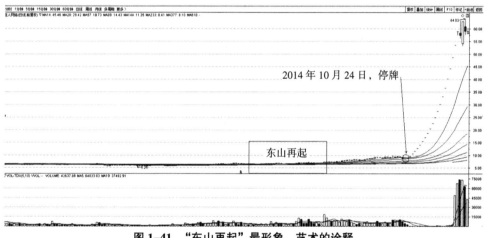

图 1-41 "东山再起"最形象、艺术的诠释

号一直是"千亿市值"。在从 2014 年 3 月美股退市到此次上市的间隙，巨人网络提出最多的问题便是，利用没有财务考核的时间段，大规模地投入，转型手游——电脑客户端游戏固然赚钱多，但手游的想象空间会让市场追捧。巨人网络总裁纪学锋也在表态，未来两三年之内，巨人不再仅仅是一家制作游戏和发行游戏的公司，可能也会靠着游戏积累的一些版权延伸到除娱乐之外的行业。另外，在消息面上，巨人网络也曾透露，在重新上市后会加速海外投资并购，而且也在和一家世界 Top 5 的海外手游开发商谈收购事宜。值得注意的是，已经宣布"退休"的巨人网络董事长史玉柱已经有出山的动作，而且在新浪微博上自称"史玉柱大闲人"的他又宣布，核心研发团队重组，把"中心部门制"改为"工作室

制";组建高敏捷创新开发团队;启动搭建公司级手游协同开发平台。根据此前的公告,在巨人网络借壳上市交易完成后,兰麟投资将持有上市公司 1.56 亿股,持股比例为 30.77%。而兰麟投资由巨人投资 100% 全资控股,史玉柱持有巨人投资 97.86% 股权,也就是说史玉柱间接持有上市公司 1.53 亿股左右,也是公司的实际控制人。以当时借壳发行价格 29.58 元/股与当下 212.94 元/股计算,史玉柱在巨人网络上的身家为 326 亿元,暴增 280 亿元。

案例 2:民生银行（600016）

2014 年 11 月 11 日,民生银行的 14 日均线上穿 233 日均线,股价形成"东山再起"的技术走势,这个技术走势的形成时间非常有意思,刚好用时一年,2013 年的 11 月 12 日,14 日均线下穿 233 日均线,股价形成了"年已过完"的技术走势,在 2013 年 2 月股价创新高以来,股价有了一波不小的调整。但是在2014 年这个"东山再起"的技术走势形成后,股价那是波澜壮阔、再创新高（见图 1-42）。

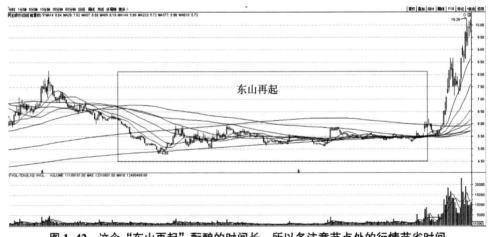

图 1-42 这个"东山再起"酝酿的时间长,所以多注意节点处的行情节省时间

说到这个股,有一个人还要再说说。谁?还是史玉柱。但这回他的身份是投资大佬。

史玉柱与民生银行的渊源还要从 2011 年说起。据媒体报道,史玉柱早在2011 年 3 月就开始了一轮持续近 6 个月的增持。据统计,史玉柱 2011 年 46 次增持民生银行 A 股股份,按照披露的每笔购入均价加总计算,共斥资逾 38 亿元。

同时他还 32 次增持民生银行 H 股股份，合计约斥资 18.12 亿港元，折合人民币约 14.6 亿元。

而到了 2012 年 6 月，史玉柱又一次开始扫货，不仅增持民生银行 H 股，还在当年 9 月 19 日以 5.5 元/股购入 100 万股民生银行 A 股，次日再以 5.47 元/股购入 300 万股，合计耗资 2191 万元。据统计，史玉柱在民生银行 A 股和 H 股的两轮增持包含 85 笔交易，合计耗资约 55 亿元人民币。

随着民生银行股价连续攀升，当初低点时豪掷近 55 亿元抄底民生银行的史玉柱自然成为了大赢家。特别是在民生银行 A 股、H 股携手大涨之后，史玉柱浮盈已达近 30 亿元人民币。突然间，这位已有各种各样称谓的名人竟被部分股民冠以"投资大师"的称号。心情不错的史玉柱也不失时机地在微博上晒出了自己的"炒股经"，引来看客无数。

史玉柱先生买入民生银行以后，股价走出来"东山再起"的技术走势，但是他买的时候却不是在这个节点上，而是在这以前，那时的技术走势还是上波拉升完毕后的回调，而且回调的幅度相当大，都已经回调到"年已过完"了，但是至于后面能不能走出"东山再起"的技术走势，史玉柱先生心里有没有底我们是不知道的，但是我们心里一定是没有底的。如果不能走出"东山再起"的技术走势，那它就要走漫长的"暗无天日"了。那如何操作这样的股票，做到心里有底呢？有两个明显的特征：一是，在 14 日均线下穿 233 日均线再上穿 233 日均线过程中，也就是 14 日均线在向下画圆弧的过程中，看看有没有"万丈高楼平地起"的技术形态出现，换句话说就是 14 日均线走平，股价站上 14 日均线，这是一个明显的特征；二是，14 日均线上穿 23 日均线的节点。这个时候，如果股价再放量攻击，那就是绝佳的买点了。

以后我们再操作"知错就改""浪子回头""迷途知返""痛改前非""东山再起""弃旧图新""洗心革面"这几个技术形态时，至于股价能不能"知错就改"、能不能"浪子回头"、能不能"迷途知返"、能不能"痛改前非"、能不能"东山再起"、能不能"弃旧图新"、能不能"洗心革面"？关键也看这两点，而且还有一个参考就是看下跌的过程中，股价缩不缩量，缩量是最理想的，说明主力资金没有走，还隐匿其中。那么接下来就还会有拉升机会，如果是放量下行，我们的期望值就不要那么高了（见图 1-43 至图 1-47）。

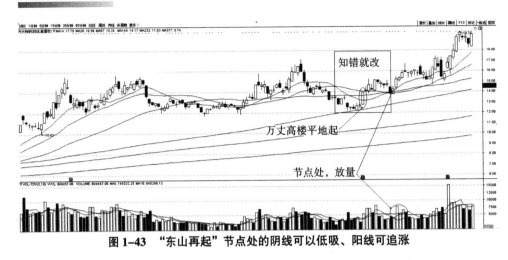

图1-43 "东山再起"节点处的阴线可以低吸、阳线可追涨

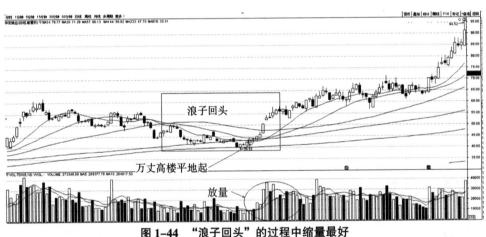

图1-44 "浪子回头"的过程中缩量最好

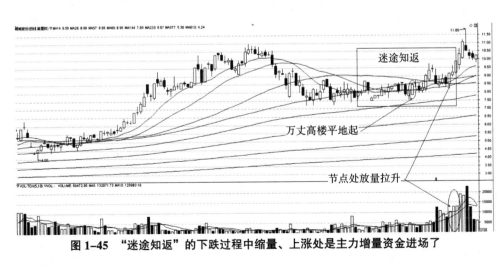

图1-45 "迷途知返"的下跌过程中缩量、上涨处是主力增量资金进场了

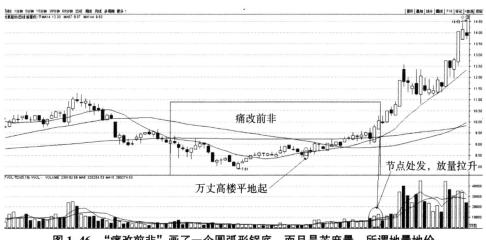

图 1-46 "痛改前非"画了一个圆弧形锅底，而且是芝麻量、所谓地量地价

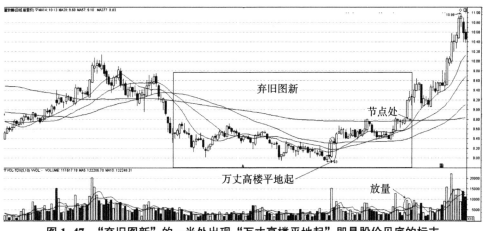

图 1-47 "弃旧图新"的一半处出现"万丈高楼平地起"即是股价见底的标志

看了这几幅图以后，我们就清楚地看出来了"知错就改""浪子回头""迷途知返""痛改前非""东山再起""弃旧图新""洗心革面"这几个技术走势能不能成功的要素和大资金的买入区域和小资金的精确买入点位了，总结梳理一下：能不能成功看股价前期的一波拉升幅度大不大？在回调的过程中放不放量？股价能不能从下跌的过程终止下跌并站上 14 日均线？由顺着 14 日均线下跌改为以 14 日均线为依托上涨？从大的整个趋势来看，股价的运行是不是在"天女散花"的基础上？也就是说，股价在走主升浪，均线系统是完美的多头排列，即 14 日均线在上，下面依次为 28 日均线、55 日均线、89 日均线、144 日均线、233 日均线、377 日均线，610 日均线在最下边。如果是这样的话，那么大资金的进入区

域，就是在股价止跌并站上 14 日均线以后，沿着 14 日均线低吸，如果股价再有效跌破 10 日均线，就止损。如果股价踩着 14 日均线稳步上升，到 55 日均线、89 日均线、144 日均线、233 日均线、377 日均线、610 日均线不管哪一根线的节点处，都有可能是股价质变的节点，如果这个时候成交量在稳步放大，K 线再收出相对应的技术形态，我们就可以逐步加仓；小资金的话，就在股价放量的时候，K 线收出相应的攻击性技术形态的时候，在分时周期上，60 分钟或者 15 分钟的周期找出相应的技术形态，精确进入。分享主力资金的拉升成果。

案例 3：金利华电（300069）

横盘整理多日的金利华电，不但没有迎来上涨，反而又向下调整，而且下调幅度还不小，14 日均线也跟着股价的下跌一直向下走，相继穿越了 28 日均线、57 日均线、89 日均线、144 日均线后，又毫无抵抗地击穿了 233 日均线，给人的感觉，觉得此股大势已去，而恰恰就在此时，股价止跌回升了，并慢慢地站上了 14 日均线，14 日均线又拐头向上，相继上穿了 28 日均线、57 日均线、89 日均线、144 日均线后，又接二连三地上穿了 233 日均线，股价形成 "东山再起" 的技术走势，接下来的走势果然不负众望，果然是东山再起（见图 1-48）。

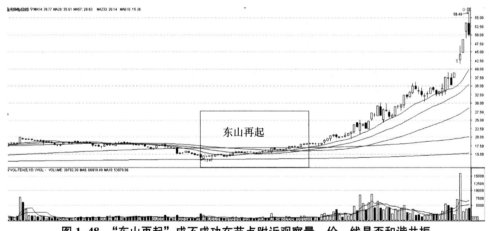

图 1-48　"东山再起"成不成功在节点附近观察量、价、线是否和谐共振

案例 4：中航光电（002179）

该股的这个 "东山再起" 的技术走势比较规范、比较好认，从 14 日均线下穿 233 日均线开始，股价调整了 57 个交易日又上穿 233 日均线，上下节点都非

常明确，进场时间也比较从容（见图1-49）。

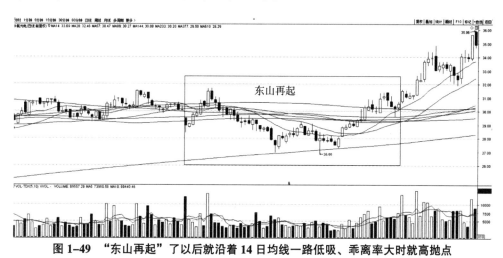

图1-49 "东山再起"了以后就沿着14日均线一路低吸、乖离率大时就高抛点

案例5：荣盛发展（002146）

该股在2017年10月26日，回调多日的荣盛发展还是没有回头向下回调，14日均线下穿233日均线，股价形成"年已过完"的技术走势。又过了52个交易日，14日均线上穿233日均线，股价形成"东山再起"的技术走势。其实这个"东山再起"的技术走势形成之前的7个交易日，在14日均线上穿57日均线"战斗打响"的时候，K线正好在均线的节点处放量上攻，这个点位的最佳买入点应该是"战斗打响"处，所以实战中我们不要墨守成规，要心随股走、及时跟变（见图1-50）。

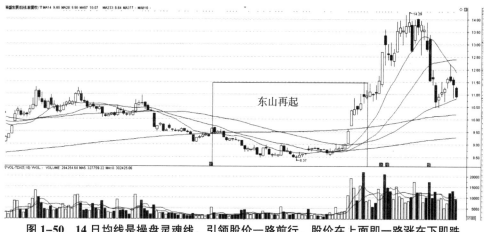

图1-50 14日均线是操盘灵魂线，引领股价一路前行，股价在上面即一路涨在下即跌

投资哲理小故事

一个中国人买了英国老夫妻的房子，搬进后惊讶得说不出话……

一对在英国爱丁堡工作了一辈子的退休老夫妇准备卖了房到西班牙去养老。英国四面环海，气候潮湿，老人易患风湿病。老人在西班牙看中了房子，两周内必须付款，就在爱丁堡的房屋中介所挂了房子说是"急卖"。

一对中国年轻人正好刚在这个城市找了工作，孩子要上学，急着买房。看了中介挂出的房屋照片和价格，怦然心动——无论是地段还是房屋的品质都是他们希望的那样。

年轻人注意到了"房屋急售"的字样，就打电话问中介："可以优惠吗？"老夫妇想着西班牙已经定好并急着要付款的房屋，说是"可以的"。于是房价被砍了第一刀。

年轻人觉得还是有戏，在签购房合同的前两天，突然说这个价格不能接受，不买了，除非价格上再降一个较大的幅度。没有想到，老夫妇居然同意了！年轻人心中大喜过望，差不多白菜价买了幢好房子，可以拎包入住。

搬家那天，很多朋友来帮忙。走进院中，绿草如茵，鲜花盛开，就像主人刚刚离开。推开房门，年轻人几乎不相信自己的眼睛。房子一尘不染，窗明几净，桌子上有鲜花，花瓶压着一张纸条，上面写着：非常欢迎你们入住这座记录了我们几十年幸福生活的房子，希望你们接下来的生活和我们一样幸福安康！走进厨房，打开冰箱，里面吃的喝的都有。冰箱贴也压着纸条，写着：冰箱里给你们准备了一周的事物，超市要开车出门左拐再左拐，大约20分钟可以到达。年轻人开始发蒙了，房子有这样卖的吗？再看电表箱上也有一字条，上面写着："我们已经给你们预留了至少一个月的电费，这个时间，可以帮到你们办理相关更名手续"。在英国，办理这类手续是非常麻烦的。

年轻人彻底蒙了！他站在那里不能动弹——"成人之美"与"乘人之危"，"锦上添花"与"落井下石"，这些概念一时搅得他目瞪口呆、手足无措。这时的他，已经全然没有了乔迁之喜。

不是每个人都崇高，愿你能与灵魂邂逅。

投资感悟

生活中，对待自己的亲人、朋友、爱人要不离不弃。

残花忘忧，与谁风中颤抖；

携谁之手，忘却今生哀愁。

笑看苍穹谁与我争锋，

坐看万物谁伴我重生。

你赢，我陪你君临天下；

你输，我陪你东山再起。

岁月蹉跎，情比金艰奈何缘浅；

东山再起，注定独自承受。

人生如此艰难，望不到头看不到尾！

到最后，说好的未来也只有我一个。

雪上逢霜，真是多灾多难，还有谁可以告诉我，别怕，我在你身旁！

你赢，我陪你君临天下；

你输，我陪你东山再起。

股市中，我们可不能这样做，你14日均线下穿233日均线了，形成："年已过完"的技术走势，我坚决不陪你一起走下坡路，我只等你什么时候能够"东山再起"了，我再进场，只陪你"东山再起"。这可不是生活中的那种忘恩负义的不讲道德仁义的人。这是一种理念。在股市里，只做锦上添花的事情，坚决不雪中送炭。案例2的民生银行，"东山再起"的技术走势形成就用了一年整，这一年之中我们持有这个股票的话，2013年11月12日"年已过完"时的股价收盘价为6.55元。2014年11月11日"东山再起"时的股价收盘价为5.98元。不但不盈利反而亏损，所以找准股价上涨、下跌的临界点很重要！不但节省时间成本，关键是规避风险。

股市里有很多眼高手低的投资者。看着每次和盈利就差那么一点点，但就是这一点点恰恰是我们需要努力的地方。浙江有一对夫妻互开玩笑说如果中500万怎么支配的问题因为意见不统一而打了起来，你说好笑吗？其实发生在别人身上就好笑，一旦发生在自己身上就不好笑了，但是很多人就是喜欢花还没有到手的钱。这个经典的寓言，教育我们不要花未钱，就是未到手的钱。

穷人总是先从小的投资开始，然后把小投资变成大买卖，就像把一个鸡蛋变成一头牛，中间有太多未知的因素、困难的环节，完成整个过程不容易。如果你每天无精打采、恍恍惚惚，久久不能进入状态，又怎么能实现目标？这种状态的人，你能指望他可以承受风险、顶住压力，克服种种困难而一路向前吗？

不过分悲观，也不过分乐观，从长远角度去投资，这是一种人人都能明白的投资理念，可惜真正做到的人却少之又少。越穷越是没有自信，越没有自信就越是人云亦云，不停地上当，到头来一阵瞎忙，难有收获。久而久之，穷人就怕了，不敢再冒险了，也就只能停留在"一个鸡蛋"的生活水平上，无法实现"一头牛"的质变。

笔者有一个朋友，从事现货贸易数十年，具有极其丰富的现货贸易经验。听说了期货这一交易工具后很感兴趣，马上开户并投资50万元。头三天，他没有急于做交易，而是坐在电脑前熟悉行情。每天，他给出一个合约当日最高价、最低价、收盘价的预测。令人惊奇的是，他每天的预测都十分准确，几乎没有误差。他信心满满，认为做期货很简单。于是，第四天他正式开始交易，满仓买入某一合约。但遗憾的是，这一天该合约价格并没有按照他的预期上涨，而是略有下跌。他持仓过夜。第五天，该合约又跌了一些，浮动亏损大约4万元。他还是没动。随后几天，该合约一路阴跌不止。经纪公司不断发出追缴保证金通知，他不愿追加资金，于是所持头寸逐步被强平。最后，当账户上只剩下2万余元时，他将所剩无几的头寸平仓离场。同时他也离开了期货市场，表示以后再也不碰期货了。所以证券市场虽然是个好地方，但是也是需要一定的专业知识的，尤其是对从未涉足过证券市场的投资者而言，尽管你在原先从事的领域很成功，但并不代表你在证券市场就能成功。尝试任何一项新事物，都必须放低自己的身架，以一种谦虚谨慎的态度来认真对待。如果妄自尊大，以为自己很了不起，认为股票交易是小菜一碟，那么很容易被市场吞没。

"东山再起"是个很励志的词语，我们在股市里劳作，也要像这个词语一样，在屡战屡败的情况下，也不要气馁，屡败屡战一定会有"东山再起"的那一天的。

资本市场的本质就是杀戮，大多数人投入到这个战场上的最大的想法无非就是我如果做好了股票，我可以不用求人，不用人情世故，动动手指股市就是我的提款机。理想很丰满，现实很骨感，这就是大多数股民的真实写照，善良的股民进入到 A 股市场交易，多数是抱着玩的态度来炒股，赚了亏了玩的是心情，炒的是寂寞。

虽说股市看似入门门槛很低，不管你从事什么职业都可以炒股，但是真正的股票投资对于投资者的综合素质要求是相当高的。股票投资不仅是一门逻辑推理学，更是一种行为艺术学，真正的投资高手对于道、法、自然方面会有更高的认识。几年前，史玉柱的助手娄某因操纵某生物股票从 12 亿元亏到 1 亿元，他当时在北京，想自杀，史玉柱对他说，我相信你能重新站起来。就是这样，这位史玉柱的前助手最终成为国内著名的基金经理，也"东山再起"了。不经历这样的风雨，不死几次是不能在股市里面实现逆袭的。这是全世界最刺激的投资游戏，股市路就是"一念天堂、一念地狱"之路。

投资哲理小幽默

穷人王二，一天到晚除了好吃懒做，还很喜欢空想和瞎扯。

一天，他的老婆从路边捡回来一个鸡蛋，兴奋地跑回家准备做饭。王二拿起鸡蛋来左瞧右看，突然对老婆说："老婆，且慢，你先不要用这个鸡蛋炒菜，因为这可是我们发家致富的'金蛋'呢！"王二的老婆不屑地问："你又在瞎寻思什么呢？"

只见王二迈着八字步，手握鸡蛋，摇头晃脑地对老婆说："你想，如果把这个鸡蛋用咱家唯一的母鸡孵出一只小鸡来，那以后的日子就好办了。如果孵出来是公鸡，我们就等它长大后卖掉，换来钱再买母鸡下蛋；如果孵出来的是母鸡，那就更好了，让母鸡再生蛋、多生蛋，靠卖鸡或者卖鸡蛋赚钱。之后，用一群鸡去换一头牛，用牛耕地、种粮食，然后买地盖房，再娶上一个小老婆……"王二不自觉地把心里的想法都说了出来，王二老婆听到"小老婆"三个字顿时勃然大怒，"啪"一个大嘴巴就抢过去，抽得王二直叫唤。

"还敢娶小老婆，反了你了！"

王二的老婆气坏了，甩手就把鸡蛋狠狠砸在王二脸上，还不住地大骂："你这个窝囊废，只知道做梦发大财，一点实实在在的事也不去做，我叫你吃鸡蛋，你自己下去吧！"

股市谚语： 牛市不言顶，熊市不言底。

十、"弃旧图新"

这个词语的意思是指抛弃旧的，谋求新的。多指由坏的转向好的，离开错误的道路走向正确的道路。出自毛泽东《中国共产党在民族战争中的地位》："出岔子不可救药者外，不是采取排斥态度，而是采取规劝态度，使之幡然改进，弃旧图新。"在股市里，我们是指股价经过一波拉升后，走势疲软，或者是出现过：单根 K 线的出货形态如"露头橡子""忘乎所以""当头一棒"等等以后，14 日均线开始走软、走平，然后下穿 28 日均线，以后的一段时间里，股价一直没有好转，然后又继续下行，在 14 日均线下穿 377 线后，股价有止跌的迹象，股价不再下探，14 日均线不再下行，并且慢慢上行，直至上穿 377 线。我们把 14 日均线下穿又上穿 377 日均线的这个过程称之为"弃旧图新"。

案例 1：分众传媒（002027）

分众传媒借壳七喜控股以后，把七喜控股改名为"分众传媒"，当然这样的大动作少不了二级市场的炒作，经过大幅拉升的"分众传媒"在 2015 年开始回调，到 2017 年 1 月，回调幅度已经不小的"分众传媒"还是没有止跌，14 日均线在这一天下穿了 377 日均线，股价形成"穷途末路"的技术走势。2017 年的10 月 10 日，股价经过十来个月"穷途末路"的狂奔又"弃旧图新"了，股价回头向上并带动 14 日均线上穿了 377 日均线。接下来的股价又来了一波不小的行情（见图 1-51）。

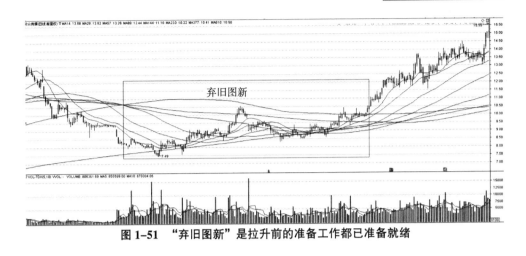

图 1-51　"弃旧图新"是拉升前的准备工作都已准备就绪

案例 2：齐翔腾达 （002408）

这个股票前面的历史走势就不去说了，只说说这个技术形态吧，在股价经过一段时间的弱势运行后，14 日均线相继下穿 28 日均线、57 日均线、144 日均线、233 日均线后，还是没有停住下跌的脚步，而是继续下行穿越了 377 日均线，股价形成了"曲终人散"的技术走势，接下来的股价一直弱势地运行在乱七八糟的均线系统下面，这个阶段何时买进都很难获利，然而在股价运行到 2016 年 10 月 25 日这天，股价一扫往日的萎靡不振，一组大阳线相继站上并突破 14 日均线、57 日均线、89 日均线、233 日均线、377 日均线，紧接着，14 日均线上穿 377 日均线，股价"弃旧图新"了。"弃旧图新"的股价像出笼的小鸟，先来三个上蹿下跳的巨量假阴线把前期高点附近的筹码抖落，然后四个一字板飞向天空（见图 1-52）。

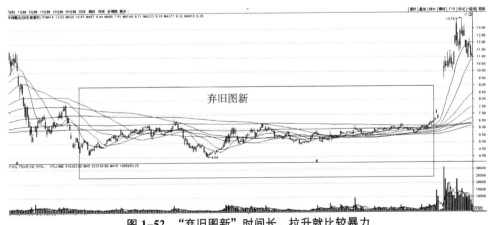

图 1-52　"弃旧图新"时间长，拉升就比较暴力

投资哲理小故事

身价过亿的明代花瓶

某天，一个古董爱好者，在一个古董鉴定专家那里看到了一个明代花瓶。那一位收藏爱好者就拿去给专家鉴定。专家经过一番鉴定之后，认定那个花瓶价值过亿元。古董爱好者大惊，一个看似普通的花瓶，其价值居然会这么高。更加令古董爱好者吃惊的是专家的另一句话。专家说，在明代，几乎每家都有一个那样的花瓶。古董爱好者在啧啧赞叹的同时，又不由得羡慕起来，说："这么说，明代人，家家都是亿万富翁了？生活在明代的人可真幸福啊！"

专家这时却摇了摇头，说："虽然明代家家都有那样一个花瓶，但却不等于家家都是富翁，花瓶之所以值亿元，那是它现在的身价，在当时它可没什么价值。"

古董爱好者不懂了，问："那是为什么呢？"专家说："因为那时还缺少了时间的磨砺，只有经过一番磨砺之后，普通的花瓶才会成为价值不菲的古董！"

投资感悟

没有人天生就身价不菲，每个人在刚刚来到人世间的时候，都是一样的。只有经过一定时间的努力，并且经过一番磨砺之后，才能逐渐提升自己的身价。通常的情况下，磨难与身价会成正比。

初进入股市的投资者朋友，都是踌躇满志、志在必得，进入三五年以后，就没有了一开始的意气风发，再过上三五年，才知道"不经一番寒彻骨，哪得梅花扑鼻香"的歌曲true唱，事情却没那么容易做的。

看看下面这个笑话就知道很多时候失败的原因：没问对人！问对人，才能做对事！

要听成功者成功的经验，不听失败者信口开河！任何事情都请自己耐心验证，而不要道听途说！宁可相信世上有鬼，都不要相信失败者的嘴！股市里专家很多，实战家很少。你拿不定主意的时候一定要问做股票的成功者，而不是要问说股票的专家！

投资哲理小幽默

一男子追了一姑娘很多年了，那天她发给他一句：If you do not leave me, I will by your sideuntil the life end.

他没看懂，请一位过了英语四级的朋友翻译，他朋友翻译说："要不你离开我，要不我就和你同归于尽。"于是那男子伤心欲绝，再也没联系她。后来那男子英语过六级了，才知道那是"你若不离不弃，我必生死相依"！

股市谚语：利空出尽三日见底，利好出尽三日见顶。

十一、"洗心革面"

这个词语的意思是指：除旧思想，改变旧面貌。比喻坏人物彻底悔改。在股市里，我们把股价经过一波拉升以后，开始走软，14日均线开始走软、走平，然后下行穿越28日均线后，又慢慢地向下穿越57日均线、89日均线、144日均线、233日均线、377日均线等，最后又穿越610日均线，然后，下跌的动能没有了，14日均线开始慢慢走平、上翘，然后又穿越610日均线，我们就把这个14日均线下穿又上穿610日均线的过程称之为"洗心革面"。

案例1：永安林业（000663）

该股在2015年6月大盘调整的时候，跟随大盘一起下行调整，到2017年4月14日，经过一大波幅度的调整后，14日均线继续下行下穿610日均线，股价形成"穷途末路"的技术走势，2017年9月28日，14日均线上穿610日均线，股价形成"洗心革面"的技术走势，股价14元左右，开始了一波浩浩荡荡的慢牛"天女散花"行情，接下来的81个交易日中，46天都是上涨的，股价涨到20元左右，涨幅接近50%（见图1-53）。

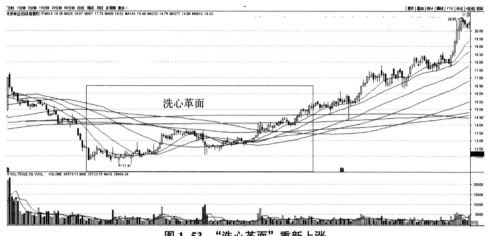

图1-53 "洗心革面"重新上涨

案例2：中交地产（000736）

该股在2017年5月2日创下新高后，开始了一波急速的壁削式下跌，仅仅用了15个交易日，就把股价从27.23元打到了14.30元的最低价，股价近乎腰斩。14日均线也从"天女散花"时排列的最上面，击穿下面所有均线，2017年5月22日，14日均线下穿了610日均线，股价形成"穷途末路"的技术走势。接下来的股价并不向下调整，而是进入了横盘调整，又经过了170个交易日的调整后，14日均线上穿610日均线，股价"洗心革面"准备重新上涨了，我们要随时做好进场的准备，接下来的进出点位非常明确，14日均线上低吸，放量上攻的阳线加仓，然后的四个交易日，中间三个涨停。

在这170个交易日的调整中间，股价在14日均线上穿89日均线"迷途知返"的节点处，也曾有过四个交易日，三个涨停板的情况发生，反观从2017年5月2日创下新高开始回调，到2018年3月将近一年的这段时间里，能做的行情也就这两个点位——"迷途知返"和"洗心革面"，持仓时间加起来也就十个交易日左右，从这个案例可以看出，主力资金做盘也是有个性的，因为它的背后也是人；股价的运行是有规律的，为什么早不涨晚不涨，两次的上涨都在股价容易变盘的节点处（14日均线上穿89、610日均线），这也就是我们为什么要苦苦地找寻股价上涨或下跌临界点的原因。就这个案例来说，从最高点处不出局，持有到现在一年左右，不盈反亏。但是按照我们提示的临界点，该卖出卖出、该买入买入的话，在最高点（当头一棒的技术形态）出局，躲过下面哗哗哗近乎腰斩一波跳水，在后面近乎一年的调整中，只在"迷途知返""洗心革面"处买入，几个交易日后的"含金上吊""当头一棒"处卖出，两次一共持仓十几个交易日左右的时间，收获六七个涨停板的收益，其余的时间全部空仓，或者到别的股票里去客串一下，既免去了横盘的煎熬，又躲过了下跌，又不错过上涨，由此可以看出，准确地把握股价上涨和下跌的临界点多么重要！（见图1-54）

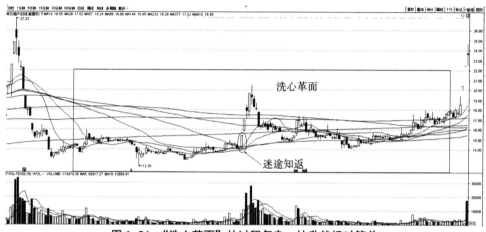

图1-54 "洗心革面"的过程复杂，拉升就相对简单

案例3：杭氧股份（002430）

该股的前期的涨幅并不大，调整也相对比较温和，但调整的走势非常明显，14日均线下穿下面的所有均线，然后横盘整理，又上穿所有均线，2017年7月24日，14日均线上穿610日均线，股价形成"洗心革面"的技术走势，可以买入股票了。接下来的调整也非常规范，就以14日均线为限，坚决不下破4日均线，这就是我们经常说的14日均线上低吸的地方，在这里表现得非常经典（见图1-55）。

图 1-55　"洗心革面"后的 14 日均线一路支撑股价上行

案例 4：石英股份（603688）

该股"洗心革面"的点位非常清晰，如图 1-56 的方框内所示，这个"洗心革面"的过程，非常清楚，下跌的时候，就是 14 日均线下穿 610 日均线，股价在 14 日均线下面沿着 14 日均线一直向下走，止跌的时候就是绕着 14 日均线横盘走，回升的时候就是股价站上 14 日均线，沿着 14 日均线稳步向上走，相继穿越 28 日均线、57 日均线、89 日均线、144 日均线、233 日均线、377 日均线，股价在穿越最上面一根 610 日均线的时候，因为这个时候的 610 日均线在最上面，这一段时间的阻力最大，股价站上这一条线以后，为了消化 610 日均线这根"最强之音"的阻力，股价横盘整理了 10 个交易日，2017 年 9 月 13 日，14 日均线终于突破这根"最强之音"——610 日均线，股价彻底地"洗心革面"了，"洗心革面"后的股价名副其实。42 个交易日，把股价从 12.54 元拉到了 20.92 元，涨幅 50.18%（见图 1-56）。

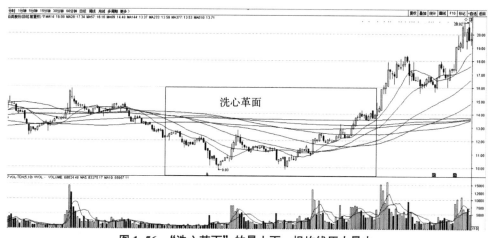

图 1-56 "洗心革面"的最上面一根均线压力最大

案例5：阳光电源（300274）

该股的这个"洗心革面"耗时很长，可以说洗得很彻底。就在2017年9月12日，形成"洗心革面"这个技术走势的前几天，股价先是放量站上610日均线，然后用了四根阴线回调消化这个均线的阻力，消化完以后才重新放量上攻。这四根阴线又形成了我们的又一个技术形态，叫作"谣言四起"。为什么股价一到这种节点处故事就多呢？容易形成股价上涨或者下跌的临界点呢？这就是股市的运行规律所致，也更能体现斐波那契数列的神奇。我们掌握了股价运行的规律以后，利用这些数字和节点的神奇，做出买入或者卖出的决定提高效率、增加资金使用率，避免被套、免受横盘整理之煎熬，做到买入就涨、卖出就跌（见图1-57）。

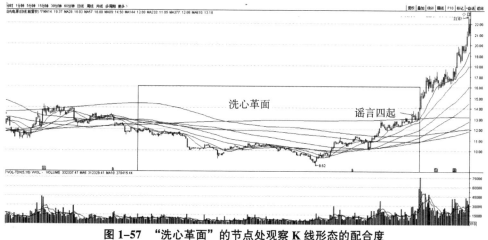

图 1-57 "洗心革面"的节点处观察K线形态的配合度

投资哲理小故事

美国有一位著名的物理学家，上初中刚开始学物理的时候，他的物理成绩很差，只考了8分。物理老师找他谈话，让他好好学物理。学生说我不喜欢就是学不好，老师特别聪明，他告诉这个学生，别的同学都是60分及格，你下次只要考到9分就算及格。学生一想我随便画个钩就能及格，很容易，于是就答应了，结果下次考试考了28分。虽然28分，老师还是没有理由在全班面前表扬他，因为还是不及格的分数。这个老师很聪明，他让全班同学把上次的考试成绩和这次的成绩做一个减法，上次考了90，这次还是90，一减就是0，上次95，这次93，一减就是2，这样减到最后，就一个同学剩下了20分，就是这个同学。老师把所有同学两次考试的分数差写在黑板上，问了个问题："哪个同学进步最大？"全班同学异口同声说某某，这是一个铁的事实，因为只有他一个人进步了20分。这种鼓励方式不但没有侮辱色彩，而且有很大激励作用。这个学生一下就兴奋起来，他想无论我考到48、68、88都是全班进步最大的，我有无数进步的空间。老师做了件聪明的事情，孩子就觉得有广阔进步的空间，从此这个孩子就喜欢上了物理，并最终成为了全世界最伟大的物理学家之一。

投资感悟

在股市中永远做一个诚实而客观的人，既不欺人更不自欺。要真诚地与市场对话，要热爱市场，学会做市场的朋友；股市是一所永远无法毕业的学校，要时刻保持谦虚谨慎、戒骄戒躁的心态。保持一颗平常心，做一个平凡的人。对市场要永怀敬畏之心；宁静致远，知足常乐。市场里的钱是赚不完的，而再多的钱都是亏得完的；要永远保持对美好事物的感知能力，要在交易的过程中发现乐趣；永远都要相信自己是最好的，在市场中只有你自己才能把握自己的命运。要见惯不惊，永远只和自己竞争；市场永远都是正确的，要相信你看到的市场事实。同时要时常告诫自己，在市场里什么事情都是可能发生的；要坚信趋势的力量，顺势而为事半功倍，逆势而为最终难逃厄运；在市场中最重要的是生存的能力，只要活着就有机会。要以保障资本为第一目标，要勇于向市场认错，不要为一次判断失误付出不必要的损失；有些时候最好的交易就是不交易。学会休息，减少失误就是增加了赢利的能力。交易的目的是为了赚钱，当股价"洗心革面"时，记得在开始时及时出场，然后再记得空仓等待，最后在合适的机会再及时入场。清仓出场要耐得住寂寞，休养生息、养精蓄锐以抓住一年中不多的几次重仓出击的市场机会；要形成自己的一套交易决策系统，要有一双自己看市场的眼睛。对市场要有一定的洞察能力，最好有一定的前瞻性。尊重市场，相信自己。

　　股票在主力资金的整个运作过程中，有一个动作贯穿始终，那就是洗盘。主力运作股票的每个阶段，都有洗盘动作的出现。因为除了主力收入囊中的股票外，还有相当部分的股票在其他投资者手中，而这些股票的持有者，随着股价的上涨，逐渐开始获利。一旦继续推高，很多投资者的赢利幅度会继续加大。当主力将股价推升至高位开始出货时，这些获利丰厚的筹码也将蜂拥卖出，势必增加主力资金的出货难度。因此，主力在运作过程中，必须不断地进行洗盘，促进股票在不同投资者之间进行换手。在股价走出"天女散花"的初期的时候，会有一波幅度不大的拉升，然后就会有"洗心革面"或是"浪子回头""弃旧图新"等这样那样的洗盘，这样的洗盘从时间和幅度上都很大，但是也洗得很彻底，这样的行情能走得更远。

投资哲理小幽默

　　一炒股的大哥彩票中了 500 万，在领奖台上表情很从容，记者上台采访："您准备怎么花这些钱呢？"大哥很淡定地说：先把借来炒股的钱还了。记者又问：那剩下的呢？大哥没有马上回答，而是从兜里慢慢地掏出盒烟，45 度角仰望天空，点上一根，慢悠悠地说：剩下的……剩下的慢慢还呗……

　　股市谚语：大牛变疯牛，天量到了头。

十二、"穷途末路"

　　这个词语的出处是清·文康《儿女英雄传》第五回："如今你是穷途末路，举目无依，便是那褚家夫妇，我也晓得些消息。""穷途末路"比喻形容无路可走。在股市里，我们把股价经过一波下跌以后，股价还是不回头，14日均线一直向下穿越28日均线后，又慢慢地向下穿越57日均线、89日均线、144日均线、233日均线、377日均线等，最后又穿越610日均线的节点称之为"穷途末路"。这个技术形态理论上是这样，实战中我们的股票不可能卖在这里，因为在这之前的卖出形态太多了，像"露头椽子""多事之秋""含金上吊""忘乎所以""当头一棒""虚头巴脑""阴魂不散""走向深渊""落下帷幕""不求上进""执迷不悟""去意已决""年已过完""曲终人散"等。了解这个形态旨在理解股价的运行规律。

这个"穷途末路"的技术形态出现以后，只要是前面按部就班地按照我们这些见底的技术形态，如"万丈高楼平地起""拉开序幕""战斗打响""花好月圆""前程似锦""欢喜过年""万马奔腾""展翅高飞""飞上蓝天"，再经过洗盘后的主升浪"天女散花"，然后有很多的单根的或者K线组合线出货形态，然后又走出："落下帷幕""不求上进""魔鬼缠身"等等，经过这么一个漫长的大的周期，后面一定是漫漫的"暗无天日"了，这个时候对这个股票不要再有什么幻想了，很长一段时间不要再碰这个股票了，让它一直走出"暗无天日"后进入"蓄势待发"再开始"拉开序幕"我们再考虑它。

如果在你复盘的时候你发现很多股票都是这样的下跌形态，甚至大盘指数也是这样的话，那么你可以肯定地知道熊市来了，接下来的操作一定要谨慎再谨慎了。最好是空仓，这就是一个大的经济循环周期。

案例1：风神股份（600469）

该股的下跌手法比较极端，接连几个跌停板，毫不含糊地把股价从14日均线上面直接打到610日均线下，中间连个像样的反弹都没有，然后14日均线也一连击穿七根均线，在2017年5月24日，直接击穿610日均线，股价形成"穷途末路"的技术走势，在进行一段横盘整理后，开始了单边下跌，股价从前期的高点12元左右，跌到2018年3月时的4元左右还没有止步，真是"穷途末路"啊！（见图1-58）

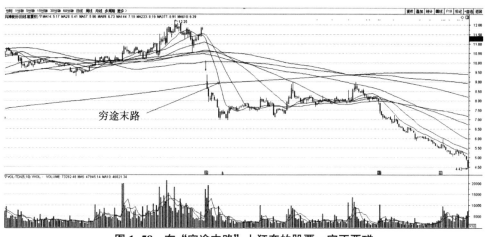

图1-58 在"穷途末路"上狂奔的股票一定不要碰

案例2：益生股份（002458）

该股在2018年2月，走出了一连串七八个跌停板，相当惨烈！其实回顾一下该股的走势，分析一下它所处的阶段，我们就不难看出，它在经过大幅下跌以后，又相继走出了一连串的诸如"走向深渊""落下帷幕""不求上进""执迷不悟""去意已决""年已过完""曲终人散"，才奔上"穷途末路"的。在"穷途末路"之后的一大段时间里，也看不出股价有走好的迹象，所以其实这一连串的跌停板是有先兆的（见图1-59）。

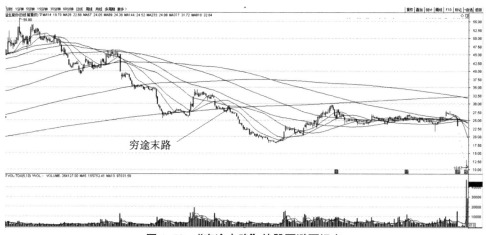

图1-59 "穷途末路"的股票避而远之

案例3：国农科技（000004）

该股在走出"年已过完"在技术形态后，两根阴线把股价推向"曲终人散"，"曲终人散"后就更厉害了，直接两个跌停板，让股价直接奔上"穷途末路"，然后就开始了漫漫无期的"穷途末路"。2018年3月，股价已由高位的45元左右奔向18元左右，还在"穷途末路"上狂奔！（见图1-60）

图1-60 "穷途末路"股票好认，复盘时做个标记，实战中坚决不买

案例4：天龙集团（300063）

该股在走出"穷途末路"的技术走势之后，那可真是"穷途末路"啊，连个像样的反弹、抵抗都没有，一路单边下跌，直到2018年3月，股价从"穷途末路"时候的10元左右，跌到了4元左右，依旧没有起色，还在继续下跌的脚步，看看这些案例，这是一个创业板，案例2是一个中小板，案例1是沪主板，案例3是深主板，为什么不同的个股，只要走出相同的技术形态，它们的发展趋势都是一样的呢？巧合吗？非也！当如此多的相同走势出现在我们的实战当中，巧合之说就会显得不堪一击。这就是股价运行的规律，所以实战中我们一定要尊重股价运行的规律，这样我们才会不受伤害，资金才不会缩水。喜欢一首歌会单曲循环，爱上一个人会不断原谅，看好一只股一定要在该买入的时候买入，但坚决不要一直持有！（见图1-61）

图1-61 "穷途末路"的股票跌起来没完没了

投资哲理小故事

一个穷人，很穷，一个富人见他可怜，就起了善心，想帮他致富。富人送给他一头牛，嘱他好好开荒，等春天来了撒上种子，秋天就可以远离那个"穷"字了。

穷人满怀希望开始奋斗。可是没过几天，牛要吃草，人要吃饭，日子比过去还难。穷人就想，不如把牛卖了，买几只羊，先杀一只吃，剩下的还可以生小羊，长大了拿去卖，可以赚更多的钱。

穷人的计划如愿以偿，只是吃了一只羊之后，小羊迟迟没有生下来，日子又艰难了，忍不住又吃了一只。穷人想，这样下去不得了，不如把羊卖了，买成鸡，鸡生蛋的速度要快一些，鸡蛋立刻可以赚钱，日子立刻可以好转。

穷人的计划又如愿以偿了，但是日子并没有改变，又艰难了，又忍不住杀鸡，终于杀到只剩一只鸡时，穷人的理想彻底崩溃。他想，致富是无望了，还不如把鸡卖了，打一壶酒，三杯下肚，万事不愁。

很快春天来了，发善心的富人兴致勃勃送种子来，赫然发现穷人正就着咸菜喝酒，牛早就没有了，房子里依然一贫如洗。

富人转身走了。穷人当然一直穷着。

投资感悟

很多穷人都有过梦想，甚至有过机遇，有过行动，但要坚持到底却很难。

据一个投资专家说，他的成功秘诀就是：没钱时，不管再困难，也不要动用投资和积蓄，压力会使你找到赚钱的新方法，帮你还清账单。这是个好习惯。

性格形成习惯，习惯决定成功。我们有很多投资者朋友，投资伊始，信誓旦旦地给自己定下目标：每周盈利几个点，如何如何。结果呢？坚持了多久自己知道，还不是和这个笑话里的主人公一样。其实给自己定目标没错，但是不要定得那么死，一定要每周几个点，股价在"穷途末路"上狂奔的时候，你能每周做出几个点？就像这几个案例，不要说每周几个点了，每月你也做不出几个点！10万元本金，一周赚10%，一年后就是970万元，一年半后就是一亿元，两年后9.4亿元，三年后就是910亿元，四年后就是8万亿元，五年后A股全部就是你的啦！可能吗？所以，励志的话激励激励自己可以，心灵的鸡汤一定要适度，千万不能多喝，而且一定要分清哪些是毒鸡汤！

股市虽然没有明确的四季分明，但也是有周期循环的，宇宙万物皆有周期，有生有死，有发展壮大，有衰退消亡，这是一个根本的自然周期规律。这个自然周期规律正如我们地球上的四季周期一样，要经历春夏秋冬四个发展阶段。《黄帝内经》曰："是故阴阳五行四时者，万物之始终也，死生之根本也。"讲的就是这个周期规律。经济周期也是如此，萧条、复苏、繁荣、衰退四个阶段，作为反映经济与政策晴雨表的股市周期，也是每一轮行情都会经历萧条、复苏、繁荣、衰退这四个基本阶段，正如自然四季的春夏秋冬一样，涨跌成"春木、夏火、秋金、冬水"不同的形态波段。

当大盘和很多个股走出"穷途末路"的技术形态时，就是股市进入了冬季。股市冬天，冰棍连天，小雪大雪万丈冰，下跌是主旋律。股市的四季，不是春夏秋冬轮回，而是阴阳涨跌不息，循环往复无穷。因此，作为投资者的投资策略就要像田野农夫一样，在股市中"春耕，夏锄，秋收，冬藏"，才会有一个比较好的收获，反季节、反时令、反趋势播种、耕耘有可能会颗粒无收。

投资哲理小幽默

电脑坏了我拿去售后维修。维修师傅检查后说："主板有问题。"我说："这我知道，难道创业板就没有问题？"师傅紧紧地握住了我的手："同志，可把你等来了，你是哪部分的？"我噙着泪花告诉他："3500 山腰部队，你呢？"师傅绝望地说："5100 山头先遣队……"

股市谚语：牛市不作短、熊市不作长；牛市不杀跌、熊市不追涨。

十三、"魔鬼缠身"

这个词语的意思从字面上看就不是好词，它是指一只个股在运行过程中，经历了见底以后的吸货、拉升、洗盘、拉升，再经过"天女散花"的主升浪的技术形态运行过以后，股价反复拉升出货，等主力的货出得差不多，主力不再护盘，股价整体向下运行，均线系统乱七八糟，你中有我，我中有你，该在上面的均线在下面，该在下面的均线却在上面，均线严重错位。K 线绕在乱七八糟的均线系统里，没有出头之日，这样的股价不会有好的走势。形成原因就是因为主力为了出货把股价反复拉高造成的。具体地说是从股价走向 14 日均线"走向深渊"开始到 14 日均线下穿 610 日均线，股价形成"曲终人散"，这一段走势我们称它为"魔鬼缠身"。这个阶段的主力主要在出货。我们一定不要在这个区域买股票，以免被"魔鬼缠身"！

案例 1：乐视网（300104）

该股最近几年是比较耀眼的，也是比较极端的一个明星股，2004 年成立于北京，享有国家级高新技术企业资质，致力打造基于视频产业、内容产业和智能终端的"平台+内容+终端+应用"完整生态系统，被业界称为"乐视模式"。乐视垂直产业链整合业务涵盖互联网视频、影视制作与发行、智能终端、应用市场、电子商务、互联网智能电动汽车等；旗下公司包括乐视网、乐视致新、乐视移动、乐视影业、乐视体育、网酒网、乐视控股等；2010 年 8 月，乐视网在中国 A 股上市，成为中国首家上市的视频网站，市值一度突破一千五百亿，创造了创业板上市公司的市值神话。2014 年，乐视全生态业务总收入接近 100 亿元。

特别是它的创始人贾跃亭，是中国企业界名人，实属一代枭雄。他是乐视控股集团创始人、乐视汽车生态全球董事长。2004 年创建乐视网，于 2010 年 8 月在创业板上市，2016 年胡润百富榜，贾跃亭以 420 亿财富排名第 31 位。2016 年胡润 IT 富豪榜，贾跃亭以 355 亿元排名第八。2016 年福布斯中国富豪榜，贾跃亭排名第 37 位。2017 年 6 月 13 日，乐视控股（北京）有限公司的法定代表人发生变更，由贾跃亭变更为吴孟；2017 年 7 月 6 日，贾跃亭辞去乐视网董事长职务，并出任乐视汽车生态全球董事长；2017 年 7 月 27 日晚，乐视网（300104）收到控股股东贾跃亭通知，贾跃亭直接所持乐视网股份被全部冻结。2017 年 11 月 10 日，乐视网发布公告，称贾跃亭在回函中表示无力履行无息借款与增持承诺，"深表歉意"。2017 年 12 月 12 日，贾跃亭被列入了失信被执行人名单，执行法院为北京市第三中级人民法院。2017 年 12 月 13 日，贾跃亭出任法拉第未来公司 CEO。在美国继续他的造车梦，说实话，我是真心希望贾先生涅槃重生，成为第二个史玉柱。早日回国处理乐视网的债务问题，虽然"下周回国贾跃亭"已经成为网上著名的段子。

从技术面来看，该股 2010 年 8 月 12 日上市以来，一直在 1 元到 2 元多左右盘整了三年左右时间，开始随着乐视网的大动作发展和创始人贾跃亭激动人心地勾勒的宏伟蓝图上涨，真是不涨则已、一涨惊人，而且这一涨就是两年，股价最高涨到了 44.72 元。涨了三四十倍！到 2015 年开始滞涨，然后形成了"魔鬼缠身"的技术走势。在滞涨的这段时间里，故事也相对最精彩、最博眼球，为什么？你懂的！还不是吸引买盘（见图 1-62）。

股票市场，从来都不缺少激动人心的故事。简单回顾一下这些年资本市场的一些动人心弦的故事。

万科 A 的故事讲述的是万科被野蛮人入侵，一时间神州大地议论纷纷，名不见经传的姚老板原来是一个卖菜的出身，很是遭到王石先生的瞧不起，然后又是安邦，又是许家印买入多少亿，又是这个又是那个……一会儿媒体说是一场兼并与反兼并之战，一会儿又是一场反腐与腐败资金之战，一会儿又是一场洗钱与反洗钱之战，到底是什么战？其实并不重要，关键是故事够热闹、足够吸引眼球

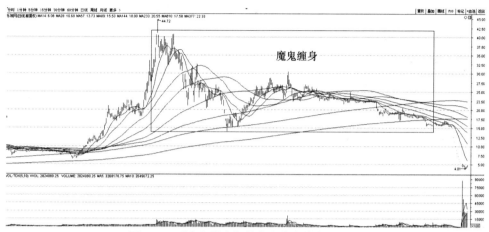

图1-62 "魔鬼缠身"是主力资金的出货阶段

的，就可以，目的是让我们大家都参战！

凡是炒股的人，大多都知道"关灯吃面"。说的是有股民 2011 年买了重庆啤酒，连续吃进 9 个一字跌停，亏到伤痛麻木，晚上一个人在家吃面，没有开灯，边吃眼泪边往碗里滴。重庆啤酒之所以会遭遇 9 个连续一字跌停，源起一个故事，说他们啤酒厂能研制出乙肝疫苗。我国是乙肝大国，这可不得了啊，医药公司没做到的事，啤酒厂给搞定了，股价还不要上天，于是大家都追着买。最后乙肝疫苗的测试结果出来了，效果"呵呵"，股价暴跌。连着"关灯吃面"这个词语，重庆啤酒永载 A 股史册。

重庆啤酒这事名声虽大，但论连续一字跌停数量，在 A 股历史上，只能排第六位。排名第五的是银广夏。也就是 2001 年著名的"银广夏事件"。银广夏号称每年营业额和利润有多少呢？反正人有多大胆，地有多大产，牛皮往大里吹，被誉为"中国第一蓝筹股"。结果专家一考证，得出"三个不可能"的结论：不可能的产量、不可能的价格、不可能的产品。遂爆雷、挂之。事件发生后，连续 11 个一字跌停，第 12 天开板过，但一直到第 15 个跌停才止住。这个股票现在名字叫西部创业。

并列排名第五的是欣泰电气。2016 年，欣泰电气因涉嫌欺诈发行被勒令退市，股票 7 月 12 日复牌进入退市整理期后，也连续吃到 11 个一字跌停。最狠的是，欣泰电气第 12 个跌停板被打开当天，猛拉至涨停，然后又补上 3 个一字跌停，再追加 3 天 25% 的跌幅，把抄底的人也全部闷杀在里面。

　　排名第三的是啤酒花，13 个一字跌停，现在股票改名叫同济堂。啤酒花崩盘主要是因为董事长突然出走，暴露出巨额对外担保引起的。啤酒花第 14 天跌停开盘后，股价也被抄底资金猛拉到涨停，随后继续下跌。

　　屈居排行榜"亚军"的是 ST 国嘉，连续 27 个 5% 的跌停，股价从 4 元跌到 0.6 元，好像是 2003 年的事。这个股票后来退市了，没找到当年的 K 线图，是听人说的。

　　俱往矣，这些曾经创造最惨纪录的股票，2017 年在新科状元"新都退"（新都酒店）面前全部将黯然失色。截至 2017 年 6 月 20 日，"新都退"已经硬吃 17 个 10% 的一字跌停，股价从 7.96 元一口气跌到 1.34 元，整整跌去 83%。更郁闷的是，从盘面看，暂时根本毫无开板迹象。更更郁闷的是，新都酒店是 2014 年 7 月停牌的，当时正是大牛市前夕，停牌前连拉 15 个一字涨停（由于是 ST 股，每个涨停幅度为 5%）。然后，本来该公司说 2015 年、2016 年连续盈利，2017 年 4 月恢复上市，结果被会计所审出 2015 年一笔收入计算有误，复核完变成亏损，直接导致退市。惨剧发生了，停牌前还有一批人在 15 个涨停后的高位抢进 8000 万元，没想到三年后等来这样的结果。这三年，持仓朋友在悲喜交加中度过，最后迎来指数大涨+大多踏空+个股闪崩套餐，怎样的酸爽只有持仓人自己知道。

　　大家去看看"新都退"毁三观的奇葩走势图，跌到第 14 天的时候，"新都退"曾经小放量，成交 800 万元。估计是闷在里面的资金倒手想吸引跟风盘来抄底，撬开跌停，但是没有成功。随后成交量又萎缩下来，再加了 3 个一字跌停。从上面一批悲催的连续跌停股来看，一字跌停打开当天，进去抄底的基本都没好下场。

　　真正的屠宰场里面没有哭闹。

　　历史，像镜子一样。

　　作为股市历史进程中的一分子的我们，最重要的任务是追随历史运行的方向，不要莫名其妙地被历史的车轮碾死！

　　历史只会很相似，并不会简单地重复，这不，似曾相识的乐视网的故事经过"魔鬼缠身"的技术走势以后，也是毫无悬念、顺理成章地开启了跌停板模式，股价从最高价的 44.72 元开始"魔鬼缠身"缠到 2017 年 4 月 14 日，股价到了 15.33 元收盘。停牌 4 个来月，复牌直接开启一字板的跌停模式，来了 11 个跌停板，股价跌到 4.01 元。贾跃亭演讲中有一句最煽情的一句话："让梦想窒息！"梦想窒息不窒息，股票是窒息了！从44元左右跌到了4元左右，我真是喝醉了也不扶墙，就服乐视网！这中间经历了什么我们也清楚也不清楚，因为有的事情公布了，有的事情因为老板在美国不回来大家说法不一。

但是最清楚的是股价从2元左右横盘，后面经过"天女散花"的主升浪到了44.72元，开始了"魔鬼缠身"，然后股价到了4元左右。这些情节最清晰地记录在了盘面上，如果我们了解股价的运行规律，能够有效地识别主力资金的操盘手法，认识这些看似命名很土但便于理解很接地气的技术形态，在该买的时候买、该卖的时候卖，我想受伤害的一定不是我们！而且至于贾跃亭下周回国还是下月回国或者回不回国我们都不是很关心（见图1-63）。

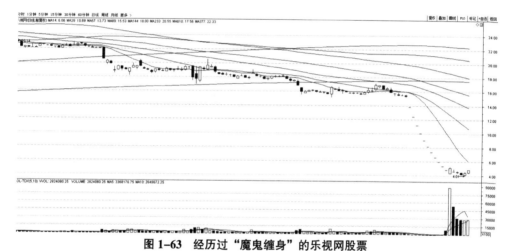

图1-63 经历过"魔鬼缠身"的乐视网股票

案例2：ST巴士（002188）

这家公司没有被戴帽之前叫作巴士在线，是中国领先的互联网媒体集团。前身是嘉善嘉联电子厂，成立于1992年，是国内最早从事通信电声器件研发和生产的专业厂家，2000年完成股份制改造后成立浙江新嘉联电子股份有限公司，2007年，在深交所国内中小板成功上市，是中国A股首家微电声上市企业。2007年巴士在线与中央电视台合作开展移动电视业务，2008年，巴士在线C轮融资成功，建银国际投资3000万美元。2014年，巴士在线全面启动"互联网+"战略，打造跨平台公交移动社区。2015年，浙江新嘉联电子股份有限公司收购巴士在线控股有限公司旗下巴士在线科技有限公司100%股权。2016年，经国家工商总局批准，浙江新嘉联电子股份有限公司更名为巴士在线股份有限公司。很快，巴士在线先后进入了北京、上海等各大城市，10 余年光景，巴士在线做得风生水起！公司的股价也随着激情动人的故事翩翩起舞，从 3 元左右涨到了 50 元左右。

互联网的世界里，有个最具特征的词汇，叫"匆匆那年"，你方唱罢我登场。阿里、京东来了，PC 互联网时代终结了；社交软件陌陌一出现，纯 APP 移动互联网资本"盛宴"悲催了；BAT 大象巨头们攻入各大领域后，"O2O"概念火了，可折腾一两年后，区块链登台了；难怪很多人说，互联网的神话世界里，"疾驶"一词都不够用！ 在一个互联网"疾驶"时代，如何与别人竞争？2017 年春节期间，A 股比惨大戏，说多了都是泪！贾跃亭乐视网预亏 116 亿、石化油服亏 106 亿、皇台酒业"丢"了酒、獐子岛扇贝又"跑"了，滑稽的是，号称"中国领先的互联网媒体集团"巴士在线（ST 巴士）业绩大变脸，从预盈 2 亿元到预亏 18 亿元，更为滑稽的是，公司董事长王献蜀都找不到了！失联了！

高管"失联"，业绩瞬间变脸预亏 15 亿~18 亿元，股价连续四个交易日跌停，一众股民惨遭闷杀！2017 年 2 月 6 日复牌一字板跌停，随后被实施其他风险警示，股票简称由"巴士在线"变为"ST 巴士"。2017 年 2 月 8 日复牌继续一字板跌停。2017 年 2 月 12 日继续一字板跌停。有股民称，拿这股的年也不好过！但愿周三能打开板让大家过个年！ 不过，从目前封单来看，以及近三日成交在 10 万~23 万元之间，跌停或仍将继续。毕竟利空问题仍未解决……2018 年春节后的首个交易日，跌停板继续，封单还有 107340 手……

回顾了该公司的基本面，再来看看技术面，2014 年以前公司的稳步发展体现在 K 线图上就是稳步发展，基本没有可圈可点之处，到 2014 年 12 月 26 日，停牌了，结合基本面，就是浙江新嘉联电子股份有限公司收购巴士在线控股有限公司旗下巴士在线科技有限公司 100%股权。2015 年 5 月 25，复牌。股价 15 个涨停板把收购大戏的剧情推向高潮，股价也从 10 元左右一口气推到 50 元左右，然后股价就进入了"魔鬼缠身"阶段，见图 1-64 的方框。待主力资金出完货以后，股价进入了一个"毛毛虫"，然后就发生了业绩变脸、董事长失联……一系列奇葩事件。然后股价一字跌停……技术虽然不是万能的，但是还是能分析出一些东西的（见图 1-64）。

说到这里提到了"毛毛虫"这个技术走势，我们就详细解说一下。走出"毛毛虫"技术走势的股票，一般都是股价在经过前期大幅拉升和反复盘头出货后，由于主力资金持仓量较大，接盘越来越少，而且这个时候个股基本面的利好一个

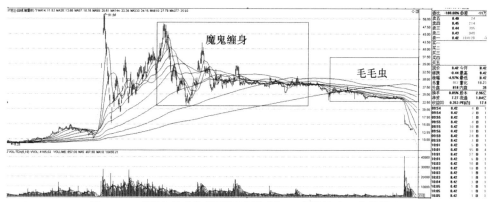

图1-64 "魔鬼缠身"的股票也最疯狂,当然是为了出货需要

一个都已释放完毕,主力资金又不想让股价大幅下跌,但是既没有拉升理由,也没有拉升必要,因为大部分筹码已经出掉,只是想再出出尾货,所以艰难地维持股价,盘面上的表现是几乎没有成交,成交量偶尔一两天放大,但随后又恢复沉寂,股价大部分时间在一个狭窄区域内震荡盘整,K线组合上是小阳小阴盘整状态,股价走势有气无力,一段时间后,一段走势的K线看上去就像一条毛毛虫。我们可以把这个图放大一点看看(见图1-65)。

图1-65 "毛毛虫"的走势是主力资金出完货以后护盘无力的表现

案例3:锦江股份(600754)

该股经过"天女散花"的大幅拉升以后,开始了派发,派发导致了股价反复走高,又冲不上去,形成了"魔鬼缠身"的技术走势,看到此处的朋友都知道,首先,在这里我们是不买股票的,其次接下来的走势是一目了然的,就是进入到漫长的"暗无天日"中去（见图1-66）。

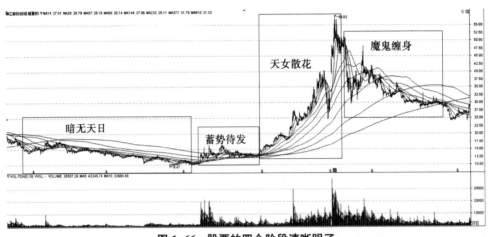

图1-66 股票的四个阶段清晰明了

　　由上图我们可以看出"魔鬼缠身"一般发生在高位，我们一般分析一只股票的时候，把K线图缩小，就能看出股价整体所处的位置，在高位的时候，均线系统又乱七八糟，成交量还不断放大，基本可以断定是主力资金在出货，具体的节点是：股价走完"天女散花"的主升浪以后，在高位放量滞涨，然后股价跌破14日均线，股价形成"走向深渊"的开始，接下来14日均线在股价下跌的带动下继续往下走，跌破28日均线"落下帷幕"，"落下帷幕"以后，短时间内，股价再不继续向上，形成"知错就改"，而是继续向下走，14日均线在下穿57日均线形成"不求上进"的技术走势，然后股价还是没有止跌回升形成"浪子回头"，而是又继续往下走，14日均线下穿89日均线，形成"执迷不悟"的技术走势，然后股价还是没有形成"迷途知返"，这中间即使有反弹也是为了出货而反弹，根本没有回头又继续下行，直至14日均线再下穿144日均线，形成"去意已决"的技术走势以后，股价短时间里还是不能"痛改前非"，继续下行，14日均线再继续下行穿越233日均线，形成"年已过完"的技术走势，然后股价也不能"东山再起"，然后继续下行，14日均线再穿越377日均线形成"曲终人散"的技术走势，然后股价还是不能回头，走向"弃旧图新"，14日均线继续向下穿越610日均线，股价形成"穷途末路"，到此，这一段漫长派发的过程，就是形成——"魔鬼缠身"技术形态的全部过程，过程其实相当复杂，但是我们的定义很简单，就四个字"魔鬼缠身"！所以以后我们看到这样的技术走势，就知道它的含义，就知道它为什么会形成"魔鬼缠身"，然后远离它，省得被"魔鬼缠身"。

和它相反的是"蓄势待发"（详见《股市脸谱系列三》），"蓄势待发"就是股价经过漫长的"暗无天日"以后，股价在跌无可跌时，开始出现"万丈高楼平地起""拉开序幕""战斗打响""花好月圆""前程似锦""欢喜过年""万马奔腾""展翅高飞""飞上蓝天"这样的技术形态，当然，中间也是曲曲折折的，有涨有回调，但总体是向上的，底部在不断抬高，然后把均线系统由空头排列彻底转换为多头排列，使用股价进入到"天女散花"主升浪中。

然后就这样，从"暗无天日"到"蓄势待发"到"天女散花""魔鬼缠身"，再到"暗无天日"，就这样周而复始地循环。这就是股价运行的基本规律，实战中没有那么规范，但大的根脉就是这样。下跌（暗无天日）、筑底（蓄势待发）、拉升（天女散花）、出货"魔鬼缠身"然后再下跌。

为了加深一下对股价运行规律的认识，再来看一个案例：石化油服（600871）。

这只个股目前处的位置一目了然，清清楚楚，就是运行在"暗无天日"中，所有的均线都在上面，股价在沿着最下面的一根均线 14 日均线在单边下行，实战中一看到这样的股票，我们肯定是不买，什么时候买？等它走出"万丈高楼平地起"技术形态后，股价再不创新低，进入到"蓄势待发"的整理中以后，把它纳入自选股，当运行到"天女散花"的阶段时，我们再按照书中所讲的K线形态进行高抛低吸，所谓高的技术形态例如有"露头橡子""得意忘形""忘乎所以""当头一棒""多事之秋""含金上吊"等；所谓低的技术行态例如有："蜻蜓点水""老鼠打洞""桃李之馈""一箭双雕""谣言四起""一针见血"等；在这个过程中，具体开始攻击上涨的临界点例如有"势如破竹""连闯两关""鱼跃龙门"等；具体开始下跌的临界点例如有"走向深渊""三心二意"（详见《股市脸谱系列三》）"四分五裂"（详见《股市脸谱系列三》）等。整理蓄势的技术形态例如有"小蜜傍款""上下打探"等（见图 1-67）。

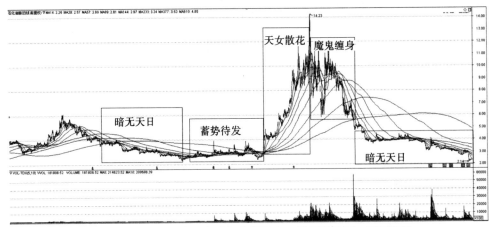

图1-67 股票的四个阶段就如春夏秋冬一样四季轮回、周而复始

投资哲理小故事

人心不足蛇吞象

宋仁宗年间，深泽某村，一家母子两人，母亲年迈多病，儿子唤作王妄，三十多岁，没讨上老婆，靠卖柴草维生。

有一天，王妄到村北去打柴，发现草丛里有一条七寸多长的花斑蛇，浑身是伤，动弹不得。王妄动了怜悯之心，给它冲洗涂药，一会儿工夫，蛇便苏醒了，冲着王妄点头，以此表达感激之情，于是王妄便把它带回了家。

从此母子俩精心护理，蛇伤逐渐痊愈，蛇也长大了，而且总是像要跟他们说话似的，母子俩单调寂寞的生活中增添了不少的乐趣，日子一天天过去，王妄照样砍柴，母亲照样守家，小蛇整天在家陪伴。

忽然一天，蛇觉得闷，爬到院子里晒太阳。蛇被太阳一照后变得又粗又长，这情形被老娘看见，惊叫一声昏死过去，等王妄回来，蛇已回到屋里，恢复了原形，着急地说："我今天失礼了，把母亲给吓死过去了，不过别怕，你赶快从我身上取下三块小皮，再弄些野草，放在锅里煎熬成汤，让娘喝下去就会好。"王妄说："不行，那样会伤害你的身体，还是想别的办法吧！"花斑蛇几番催促，王妄只好流着眼泪照办了。

母亲喝下汤后，很快苏醒过来，母子俩又感激又纳闷。王妄又回想到每天晚上蛇篓里放金光的情形，更觉得这条蛇非同一般。

话说宋仁宗整天不理朝政，宫里的生活日复一日，觉得厌烦，想要一颗夜明珠玩玩，就张贴告示，谁能献上一颗，就封官受赏。

这事传到王妄耳朵里，回家对蛇一说，蛇沉思了一会儿说："这几年来你对我很好，而且有救命之恩，总想报答，可一直没机会，现在总算能为你做点事了。实话告诉你，我的双眼就是两颗夜明珠，你将我的一只眼挖出来，献给皇帝，就可以升官发财，老母也就能安度晚年了。"王妄听后非常高兴，可他毕竟和蛇有了感情，不忍心下手。

大蛇说："不要紧，我能顶住。"王妄挖了大蛇的一只眼睛出来，竟真的变成了稀世的夜明珠，于是把宝珠献给皇帝。满朝文武从没见过这么奇异的宝珠，赞不绝口，皇帝也非常高兴，封王妄为大官，并赏了他很多金银财宝。

西宫娘娘见了，也想要一颗。不得已，宋仁宗再次下令寻找宝珠，并许诺第二个献宝的人可以当丞相。

王妄想，我把蛇的第二只眼睛弄来献上，那丞相不就是我的了吗？于是，王妄再次找大蛇商量。碍于情面，大蛇又把剩下的一只眼睛化作宝珠给了王妄，于是王妄如愿当上了丞相。无巧不成书，当朝正值妙龄的公主得了怪病，宫中的御医都没招，传说需要四两千年大蟒蛇的肝才能活命。急中难求，皇上就下诏，在全国张贴皇榜，告曰谁若能办到此事治好公主的病就招为驸马，并封王。

此时身为丞相的王妄已经被利益蒙住了双眼，直接找到大蛇把事情的原委和央求说了一遍，双眼已盲的大蛇听说后哀怨地含泪说道："你有没有想过，我把我的肝给你，我也就失去了生命？""可是我救过你的命啊，"丞相王妄继续哀求，"你理应报答我的。"大蛇听说后，叹气道："那好吧，一会儿我张开嘴巴，你从我嘴巴里爬到我肚子里自己来取吧！"

当王妄拿着屠刀进入大蛇嘴里之后，大蛇却突然闭上了嘴巴，而丞相王妄却再也没有出来……

当朝失去了丞相，人们分分寻找，却又不见踪影，最后家人判断可能被大蛇吞了。而"人心不足蛇吞相"的劝世典故也就此流传开来。

后来不知何时，人们以讹传讹，把丞相的"相"误作大象的"象"，于是"人心不足蛇吞象"就一直流传至今了。

投资感悟

"人心不足蛇吞象"比喻人贪心不足，就会被自己的欲望所害。

其实像这样的"魔鬼缠身"的股票，是很容易辨认的，而且这种股票的前期都是有很大的涨幅，我们也不要太贪了。对于这样的股票我们原则上是不操作的，但是有很多投资朋友是忍不住的，因为这样的股票本身是在出货，出货的时候主力肯定会制造出很多看上去良好的技术形态，要不怎么出货，所以有时候看起来好像真的是又要做行情一样，其实每一次拉升都是在诱多。

股价"魔鬼缠身"，主力资金在进行艰难的出货，而你还在那里这样买那样买、这样卖那样卖，还期望股价走出一波波澜壮阔的行情。你说你和主力、股价在一个频道吗？累死也不会赚钱的。

投资哲理小幽默

马桶的威力

"二战"的时候，人们从废墟中扒出一老太太，老太太有气无力地说："这个马桶的威力太大了，我一拉马桶的绳子，这座楼就倒了。"

投资感悟

我们一定要知道影响股价涨跌的主要因素。千万不要用风马牛不相及的东西作为一种结果的论据，否则不但不会认识投资的本质，且会被同一块石头绊倒多次。

股市谚语：君子不立危墙之下，炒股不碰魔鬼缠身。

第二章　K 线形态

一、"桃李之馈"

这个词语原谓互赠礼品，后引申指送礼、贿赂。在股市里的表现为：低开高走，俗称送礼线。在前些年，传说主力资金要给某某送礼，怎么送？比如：约定好第二天让某某在跌停板买入 100 万元的×××股票，然后股价由主力控制在跌停板开盘，然后拉至涨停板收盘，这个时候某某买入的 100 万元股票当天获利 20 万左右，第二天择机出局就是了。这种利益输送神不知鬼不觉，某某的收益也是正常的，是通过炒股合法赚取的。当然了这只是传说，是不是真的不知道。我们就宁愿信其无不要信其有吧。听听不要太认真，再说，即使有也是过去，现在反腐这么厉害、监管这么严格，是不可能会有的。

但是我们认识这样的操盘手法旨在认识主力资金的一些做盘套路，均线走势如同战略思想，告诉我们股价走势、股价所处位置，K 线形态如同战术，具体展开的操作。战略与战术的完美结合是投资的艺术：战略解决方向与时间跨度的问题，战术解决量化的目标与进出时点的问题。伟人毛主席说过：在战略上要藐视敌人，在战术上一定要重视敌人！伟人毛主席还说过：与天奋斗，其乐无穷！与地奋斗，其乐无穷！与人奋斗，其乐无穷！在股市里，我们与主力奋斗，其乐无穷！

股价正在行进过程中，突然一个低开，这个时候你不要怕，这是主力在清洗获利盘，通过一天的高走，收盘时形成一个低开高走的 K 线形态，这就说明主力是在开盘时把股价低开，制造一些恐慌气氛，而他自己却在有条不紊地吸货，要不怎么会一路高走呢?

案例1:上海银行(601229)

回调多日的上海银行在一字板的跌停后,2017年11月17日,又是跌停板的价格开盘,但开盘就有巨大的买盘,然后股价一路走高,K线形成"桃李之馈"的技术形态,银行就是有钱,出手就是大手笔,当天成交金额差不多32个亿,近几个月来的平均成交量每天也就一个亿左右,这一个"桃李之馈",就成交这么多,那么到底是谁在卖?又是谁在买呢?值得深思!不过深思之后明白了谁在买谁在卖,也就离股市赢家又近了一步。

"桃李之馈"一般出现在两个位置。

一是股价的绝对底部。就如这个上海银行。这个时候的股价走势是典型的空头排列,股价远离14日均线,这个时候,我们一般不主张买股票,如果买也是抢个反弹,反弹的高度一般就是14日均线,这个时候即使出现这样的"桃李之馈"技术形态,我们也把它视为警示性形态,用作判断股价的底部来使用,只要股价后面不再创新低,我们就可以判断股价见底了,但见底了并不一定会涨。是底不反弹、反弹不是底嘛!接下来要买股票的话,我们要等到有攻击形态再开始买,我们要等的形态就是"万丈高楼平地起""拉开序幕"。2018年1月2日,股价没有再创新低不说反而站上了14日均线,"万丈高楼平地起"的技术形态形成了,这个时候前面的见底得到确认而且是个攻击上涨的转折点位,可以考虑买股票了。在这个点位买股票,后面股价如果再有效跌破14日均线,我们就止损出局。止盈的点位就在57日均线或89日均线。

2018年1月19日,股价在这期间接连放量冲过28日均线、57日均线后在89日均线处放量滞涨,当天的89日均线数值为16.29元。股票最高价为16.31元。从买入的2018年1月2日到2018年1月19日,持股时间为14个交易日,彰显我们"14"的魔力,最高价16.31元,我们的系统提示卖价为16.29元(89日均线压力位、神奇数字的神奇魅力!)和最高价相差2分钱(见图2-1)。

二是股价的拉升途中。

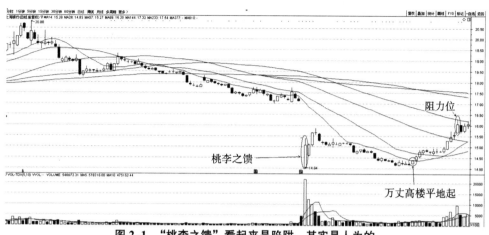

图 2-1　"桃李之馈"看起来是陷阱，其实是人为的

案例2：柘中股份（002346）

这个股出现"桃李之馈"的位置刚好和上海银行相反，均线系统是典型的多头排列，股价正处于"天女散花"的主升浪拉升中，前面在股价进入"天女散花"主升浪以后，有一波强势的拉升，但到了一个相对的高点以后，股价并没有放量，就开始回调，14日均线也下穿了28日均线，然后股价在57日均线处止跌回升，又到前期高点后，又利用当时大盘不好开始回调，回调的第一天只是放量滞涨，第二天跌停板，第三天又是几乎以跌停板的价格开盘，开盘瞬间跌至跌停板，然后迅速拉起，收盘竟然拉至涨停板。股价形成"桃李之馈"的技术形态，而且当日的均线系统正好是"知错就改"的节点。均线走势、K线形态同时在一天出现，上升概率肯定大增，接下来股价一路飙升（见图2-2）。

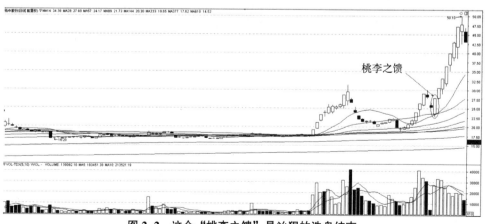

图 2-2　这个"桃李之馈"是凶狠的洗盘结束

案例3：视觉中国（000681）

2018 年 2 月 6 日，视觉中国走出了"桃李之馈"的技术形态，该股昨天收阴线，2018 年 2 月 6 日这一天一开盘就低开，然后一路高走，一举穿越 377 日均线、89 日均线、57 日均线、28 日均线、14 日均线，技术形态上还是一个"五谷丰登"（详见《股市脸谱系列之三》）的经典攻击形态，复合形态加上均线系统，又是完美的多头排列呈"天女散花"状，这样成功的概率当然会高很多（见图 2-3）。

图 2-3　先是低开"桃李之馈"，当天就上攻"三阳开泰"，主力急不可耐

案例4：亚太实业（000691）

2018 年 2 月 9 日，继两个跌停板之后的亚太实业，又跌停开盘了，但这次开盘不一样，巨大的买盘，迅速把跌停板上的单子吃掉，把股价拉了起来，当日放巨量，股价形成"桃李之馈"的技术形态，接下来股价运行 7 个交易日，股价上摸 14 日均线，形成"虚晃一枪"的技术形态，股价由 2018 年 2 月 9 日的 4.96 元涨到了 2018 年 2 月 26 日的 6.77 元，涨幅为 17.24%（见图 2-4）。

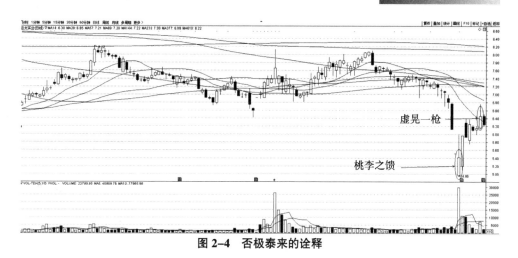

图2-4 否极泰来的诠释

案例5：天华院（600579）

天华院2018年2月12日的这个"桃李之馈"可是个大礼啊！干干脆脆五个涨停，不拖泥，不带水，而且技术走势简单明了，不用你猜，买点就是买点，卖点就是卖点，买点就是清清爽爽的"桃李之馈"，卖点就是简简单单的"当头一棒"，巨量、大阴。"桃李之馈"前面的一段下跌虽然比较惨烈，但是下跌之前也是告诉了我们的，一根巨量大阴穿破六根均线，技术形态是"六亲不认"（详见《股市脸谱系列之三》）。从此案例可以看出，只要认识我们这些技术形态，打开一只股票的K线图，实际上就等于标得清清楚楚的买和卖。但是前提是，我们一定要熟记这些技术形态，深刻理解它背后的市场含义，以及它所处的股价位置，实战中我们就根据它的提示买卖就可以（见图2-5）。

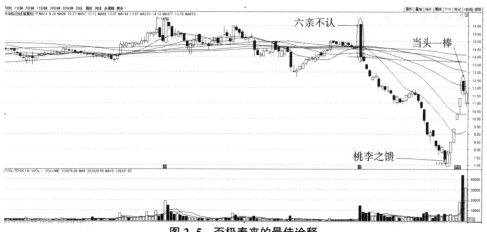

图2-5 否极泰来的最佳诠释

投资哲理小故事

逆流而上的石兽

从前，沧州南有一座临河寺庙，庙前有两尊面对流水的石兽，据说是："镇水"用的。

一年暴雨成灾，大庙山门倒塌，将那两尊石兽撞入河中。庙僧一时无计可施，待到十年后募金重修山门，才感到那对石兽之不可或缺，于是派人下河寻找。按照他的想法，河水东流，石兽理应顺流东下，谁知一直向下游找了十里地，也不见其踪影。这时，一位在庙中讲学的先生提出他的见解：石兽不是木头做的，而是由大石头制成，它们不会被流水冲走，石重沙轻，石兽必然于掉落之处朝下沉，你们往下游找，怎么找得到呢？旁人听来，此言有理。不料，一位守河堤的老兵插话：我看不见得，凡大石落入河中，水急石重而河床沙松者应求之于上游。众人一下子全愣住了：这可能吗？老兵解释道："我等长年守护于此，深知河中情势，那石兽很重，而河沙又松，西来的河水冲不动石兽，反而把石兽下面的沙子冲走了，还冲成一个坑，时间一久，石兽势必向西倒去，掉进坑中。如此年复一年地倒，就好像石兽往河水上游翻跟斗一样。"众人听后，无不服哉。寻找者依照他的指点，果真在河的上游发现并挖出了那两尊石兽。石兽逆流而上，实乃一个沉甸甸的忠告：别过于信赖常识常理，它们断非适用于任何场合。想有不为俗见所左右的独立意识，必须别具慧眼。那位守河堤的老兵就是这样一个聪慧之人，他的目光不仅搜索河面，而且透过水流看到了河底，看到了河底石兽的动态和"活动轨迹"。守堤人的眼光何以那么"凶"？盖因其长年守护于此，常与湍急的河流打交道，专注于水情，且善于观察，善于动脑，故能洞悉河中情势和石兽走势，悖理见智，真知灼见只能出自实践、出自客观存在和理性思考，而不可能出自想当然。潜探一下历史的河流与人生的河流吧，其间逆流而上的，河堤石兽。

投资感悟

像这样的"桃李之馈"的送礼线，就像这逆流而上的石兽，看着是跌了，实际上它是要向上的，而且它也不是莫名其妙出现的，这就是一些主力进场或者洗盘的蛛丝马迹，以后的走势中还会有很多信号出现，主力运作一只股票是一个长期的过程，打出的是一套组合拳，不会只有一两个形态，说得专业点就是形态的组合和衔接，把这些信号综合起来分析，就不难发现主力的行踪和意图。世界上不是缺少美，而是缺少发现美的眼睛。股市里不是缺少机会，而是缺少发现机会的眼睛。更是缺少捕捉机会的能力。我们来看网上的一短篇小说：

套　路

他开车上班，路上遇到一个搭顺风车的美女，忽然她晕倒在车上，然后他不得不送她去医院。——他感受到了压力。

到了医院，医生说美女怀孕了，恭喜他要做爸爸了。他说孩子不是自己的，可是美女说孩子是他的。——这让他焦虑不安。

他不得不要求做 DNA 测试证明自己的清白。测试后，医生说他是不孕不育症患者，而且是天生的，他是清白的。——听后他忧心忡忡。

在回家的路上，他不断想着家里自己的孩子——他感觉到心力交瘁。

回到家里，老婆开心地迎上去，说她又有了。——他觉得真是生不如死。

很快，不管老婆如何解释，他和老婆离婚了，善良的他净身出户。——他开始失眠忧郁。

有一天碰到医院的医生，医生偷偷把他拉到一边说：怎么样？上次那女的是想讹你吧，我一眼就看明白了，所以简单帮你处理了一下，说你是不孕不育患者。怎么样，你应该请我吃饭吧！——他眼前一黑，住院了！

经过抢救醒来后满脑子就一个念头：

城市套路深，坚决回农村！

主力在洗盘时，那套路可比城市深多了，不把你洗得压力山大、焦虑不安、忧心忡忡、心力交瘁、生不如死你能痛快地交出筹码吗？然而，这就是主力的套路。特别是这个"桃李之馈"，一般是在几根阴线后面的一个跳空低开形成的技术形态，几根阴线很多投资者都已经受不了，最后再来个低开，你说持仓的朋友不崩溃吗？主力要的就是你崩溃，然后把筹码交给主力。

下面我们就来看一下，现实生活中有哪些"丧心病狂"的非法行贿手段：

"以亏本为乐"的赞助商。某地产企业为了贿赂某领导，找某市区委主席的侄女拍广告，并赞助了 30 万做广告拍摄费。问题是，这条广告只拍了 5 分钟，而且根本就没在电视上播过！

"一言不合"就天价离婚。某地产企业找了一个相貌能力都一般的女士，并安排其担任超高薪工作，后来将她介绍给某领导的儿子，两人走进了婚姻的殿堂。到这里，故事并没有结束，两人一周后闪离，该领导的儿子获得3套房子。

"顺理成章"的赔款。某开发商想要贿赂一主管局长，于是这个开发商就让局长的亲戚购买自己开发楼盘的一处房产，然后局长的亲戚"巧妙地发现"这个房子之前已经卖给了别人，顺理成章地，双方发生了纠纷无法和解，局长亲戚将这个开发商告上法庭，法官则根据开发商签署的"承诺书"中的相关条款判处开发商退楼，于是局长亲戚"顺理成章"地拿到了两倍房价的赔偿款。

"守株待兔"的彩票。某企业派专人值守彩票兑换点，用现金购买中奖彩票，然后以代买为名将买到的中奖的彩票送给受贿人。

来自马会的福利。某行贿人以受贿人儿子的名义在香港马会买了一匹赛马，并且缴清了几年的费用，这匹马在里面比赛赢的钱都归受贿人，而且还能操控外围盘口赌博赢钱！

"书中自有黄金屋"。某市一案件嫌疑人的亲属给警官邮寄了一本书，结果翻开来，书是这样的：书里面掏空装了厚厚一沓人民币。

豪华培训。某国企的一些管理人士被某外企邀请去美国参与为期一周的培训活动：培训从一艘游艇上开始，在讲了半小时的企业文化和产品功能后，该外企的相关人员就说"大家尽兴吧"……

股票收益。曾任中山市市长的李启红被"双规"后，她的丈夫、弟弟、妹妹等亲人也被带走协助调查。在调查中，中纪委发现：这个市长的亲戚积累的财富"保守估计有20个亿"，都是从某上市公司的股价14个涨停板飙升的时候获取的，就是这个市长再懂股票，眼光如此神准，我们也是不信的。

一个国际咨询公司借自己出版的内刊，曾四次采访电力企业的一位高管，然后每次答谢4000美金。采访要给专家费，这是行规。

某国际知名企业为给回扣，安排给收回扣的领导的儿子负责其公司在美国的私人飞机的管理。其职务类似国内的车队队长，虚职不上机。然以职务要求素质极高为名，给了150万美金的年薪。

某企业为给回扣，送了一位领导一个名为赝品的字画，齐白石的，标价7000元，有发票，还是北京某街知名字画行的。但实为真品。此领导也付了费了。后过3~4个月，圈内传出此领导捡漏，以赝品价格买到一精品，并传为业内美谈，还上过电视。后委托江苏某拍卖行，20万卖出。

某企业为给回扣，在大学赞助一奖学金，金额巨大，但奖励征文。评委5人，2人来自学校，3个来自这个企业。果不其然，这奖学金落入一父在此专业领域的儿子手中。企业为能源行业，学校为北京某知名大学中文系。

……

看了这些以后，对股价有时候的一些莫名其妙的走势就不要再去追究为什么了，只是知道这是在送礼就可以了，至于为什么送、送给谁等问题就不要深究了。看看这些送礼行贿的手段、方式，表面上哪个你能觉得不正常？

止损是防止损失扩大化的一种手段，千万千万不要割在股价的最后一跌，更不要割在主力资金制造的"桃李之馈"的原本要给您送礼的K线里。往往这是股价的最后一跌，止盈是在很早的时候会出现诸如"露头椽子""多事之秋""当头一棒""忘乎所以""阴魂不散"……即使止损也是在"走向深渊""落下帷幕""不求上进"……可千万不能止在最后一跌的"桃李之馈"里。

股市谚语： 底部跳空向上走，天打雷劈不放手，高位跳空向上走，神仙招手也不留。

二、"一箭双雕"

"一箭双雕"的意思是指射箭技术高超，一箭射中两只雕。据《北史·长孙晟(shèng)传》记载：

长孙晟是北周时洛阳人。他智谋过人，武艺超群，十八岁时就当了一名禁卫东宫的武官。但真正赏识他的是隋国公杨坚。有一次，隋国公杨坚偶然与他交谈了几句，就发现他有勇有谋，认定他日后必定能成为一代名将。

那时，北方游牧民族突厥首领摄图，和北周友好相处，互派使节往来。为了炫耀各自的实力，双方都选派有勇有智的人充当使者，但傲慢的摄图对北周派来的使者大都瞧不起。

有一次，长孙晟被派去陪同正使宇文神庆出使突厥。摄图见到长孙晟后，一改往日对北周使者的轻蔑态度，竟要求宇文神庆将长孙晟留下来。宇文神庆答应了摄图的请求，长孙晟就这样留在了突厥。整整一年过去了，摄图还是让长孙晟继续跟随在自己身边，不让他回北周，而且，摄图每次出猎，总要长孙晟陪同。

一天，摄图在毡帐前看见空中有两只大雕盘旋着，正在争夺一块肉。他很有兴致地喊来长孙晟，并叫人拿两支箭递给长孙晟，命令他把两只雕射下来。

长孙晟接过箭，迅速翻身上马飞驰而去。他渐渐离大雕的位置很近了，只见他拉弓搭箭，认准目标一箭射去，竟同时射穿了两只大雕的胸膛！两只大雕顿时一齐落地。长孙晟一箭双雕的高超箭术，博得了在场的突厥士兵的连声喝彩，摄图也异常高兴，他下令重赏长孙晟，并要求部下向长孙晟学习箭术。

后来，杨坚夺取北周政权，建立了隋朝。突厥及其他少数民族国家趁机进攻隋朝，为北周复仇。这时，长孙晟已回到隋朝。他凭借自己的智谋和勇武以及对突厥内部情况的了解，帮助杨坚多次打退了突厥的进犯。

后人根据这个故事引申出"一箭双雕"这个成语，比喻做一件事而达到两方面的目的。在股市里，我们把正在走上升趋势的股票在行进过程中出现的一根阳线和后面的两根阴线这样的 K 线组合称之为"一箭双雕"。

股价在走上升通道，说明有主力资金在运作，之所以不一步到位地拉升，一方面是基本面没有特别大的利好不能配合拉升，另一方面主要是主力在消化获利筹码，减轻拉升压力，积蓄再度上攻的能量，温和地、不引人注目地、窄幅度地来两根小阴线震一下仓，一个阳线，向上攻击，拉升，可是后面却没有持续的阳线攻击，而是两根阴线，表面上好像股价不想向上运行了，于是，不明就里的人们就把筹码丢在了主力资金清理跟风获利盘的两根阴线里面，我们把这两根阴线比喻为：雕。这两根阴线的成交量寓意为主力的战利品，都是被主力的上攻大阳线射下的雕！学习了本章的我们，以后可不要在这里卖股票做主力的战利品哦！

案例 1：章源钨业（0002378）

该股在 2017 年 9 月 13 日、14 日、15 日走出了"一箭双雕"的技术形态，我们往前看，前面的一大段的整理、蓄势就不再做多的叙述，2017 年的 8 月 25 日，股价收出了连续九根的小阳线，脚底下的成交量也在慢慢地温和放大，这是增量资金进场的标志，技术形态上我们称它为"鬼子进村"，意思就是打枪的不要悄悄地干活，主力知道要拉升了，仓位还不是很足，就悄悄地不引人注意地增加了一些仓位，然后用一根小阴线回打一下，清除一下混进去的散户，这根阴线恰好落在"知错就改"节点处，同时也是14日均线上穿610日均线的节点处，2017年9月8日，是一个吉祥的日子，"就要发"嘛！股价如期涨停。我们的这些均线走势，就是告诉我们股价所处的位置，处于哪个阶段，什么走势，接下来会是什么走势，K线形态就是告诉我们怎么走，现在怎么走，接下来会怎么走？从这个案例可以看出，所有的均线排好上涨的架势以后，每一个K线都值得我们研究，它的背后都有主力的意图，我们仔细揣摩，就会有所收获（见图2-6）。

图2-6　一阳两阴是洗盘，守仓加仓莫等闲

案例2：鲁西化工（000830）

从整幅图我们可以看到，该股正漫步在天女散花的主升浪上，2018年1月8日，出现了两组"一箭双雕"，为什么这个地方会出现两组？这个地方刚刚突破前面的高点，会有一些获利盘、解套盘，所以主力需要在这里把它们消化掉，以减轻后面的拉升阻力，有的时候，一组"一箭双雕"这些获利盘、解套盘有可能就已经出来了，但是有的时候，这些筹码比较顽固，所以就需要两组，这没有什么硬性规定，完全根据主力需要，我们不要去猜，我们也不要去蒙，我们就根据事实说话，走出什么样的形态，我们就采取什么样的措施应对。"一箭双雕"这

样的 K 线组合，一般都出现在慢牛拉升中，不急不躁地洗盘，只是这样的主升浪什么时候结束，我们也是根据技术形态来说话，只要不走出我们的出局技术形态，我们就一直持有，或者一直按照技术形态的提示高抛低吸，滚动操作。2018年 2 月 7 日，出现了一根巨量大阴线，击破 14 日均线，形成"走向深渊"技术形态，出局信号比较明显，有仓位的，到这里就要清仓。接下来如果股价能够再形成"知错就改"，那我们再按照我们的技术形态提示买入，但这是后话，要具体看它怎么走才能决定（见图 2-7）。

图 2-7 "一箭双雕"只出现在均线系统多头排列的 14 日均线之上

案例 3：海螺水泥（600585）

该股 2017 年 11 月 23 日、24 日、27 日的"一箭双雕"这个 K 线组合同样出现在慢牛的"天女散花"主升浪拉升中，对这样的个股，我们也要不急不躁，跟随主力的慢脚步，只要股价不走出卖出形态，我们就一直持有，像后面出现的"知错就改"，一开始错的时候，明显的标志就是股价运行在 14 日均线下面，这个时候我们等股价站上 14 日均线，股价"知错就改"的时候，我们就要逐步地把仓位买回来，主力都不怕折腾，我们也不要嫌麻烦（见图 2-8）。

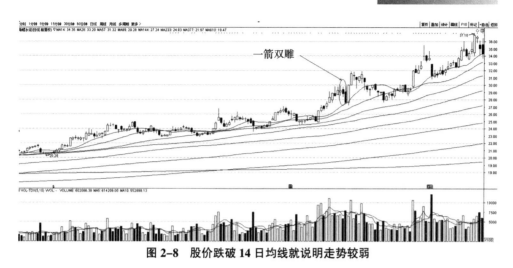

图 2-8　股价跌破 14 日均线就说明走势较弱

案例 4：中国铝业（601600）

2017 年 7 月 25 日、26 日、27 日，中国铝业的股价在越过前高后，走出了"一箭双雕"的 K 线组合，这个技术形态出现的位置也在我们经常所说的事故多发段，就是 14 日均线和 610 日均线的金叉处，实战中，14 日均线和每一条均线的金叉处，都是容易发生行情的地方，但是有没有事故发生取决于操盘手。就好比我们开车出去旅游，走到山区的公路边上有一牌子，上面写着"事故多发段"，这只是提醒我们这个地方发生事故的频率比较高，路况不是很好，容易发生事故，但事实上发不发生事故还取决于司机（见图 2-9）。

图 2-9　发生在"天女散花"节点处的"一箭双雕"更加难得

案例 5：泰格医药（300347）

该股在 2018 年 2 月 12 日、13 日、14 日，走出了"一箭双雕"的 K 线组合，这种 K 线组合出现的位置稍微低了一点点，前面几个案例都是出现在 14 日均线之上，这个案例出现在 14 日均线之下，回顾前面的一段走势，该股的走势相对弱了一点，但是接下来的走势近似火箭式拉升，可能是压抑太久了吧！（见图 2-10）

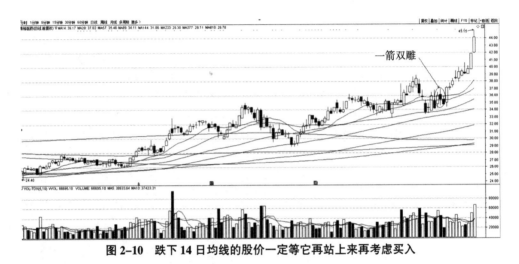

一箭双雕

图 2-10　跌下 14 日均线的股价一定等它再站上来再考虑买入

案例 6：凤形股份（002760）

该股在 2008 年 1 月 2 日、3 日、4 日，走出了一阳两阴的 K 线组合，形成"一箭双雕"的技术形态，第二根阴线和后面的确认阳线恰好出现在 14 日均线和 610 日均线的金叉处，为什么这么巧？这就是我们这一组均线的神奇之处，股价运行规律使然！该股不久的前面也曾经出现过"一箭双雕"，反复使用这个洗盘手法，是因为主力操盘手的个性，使用这个手法比较顺手，效果应该也不错，所以主操盘手才会反复使用。第一组"一箭双雕"后，三根大阳线，形成"多事之秋"，记得收获（减仓或者清仓）。再来一组"一箭双雕"后，经过一波上涨，出局信号是"走向深渊"，看看主力做盘，来和去都先跟我们打招呼，我们不知道是因为不认识的形态，不懂主力的意思，没法交流，但不能说主力不够意思（见图 2-11）。

一箭双雕

走向深渊

图 2-11　形态就是主力资金在说话，我们一定要仔细揣摩

投资哲理小故事

听的艺术

　　美国知名主持人林克莱特有一天访问一名小朋友，问他说："你长大后想要当什么呀?"小朋友天真地回答："嗯……我要当飞机的驾驶员!"林克莱特接着问："如果有一天，你的飞机飞到太平洋上空所有引擎都熄火了，你会怎么办?"小朋友想了想："我会先告诉坐在飞机上的人绑好安全带，然后我挂上我的降落伞跳出去。"当在场的观众笑得东倒西歪时，林克莱特继续注视着这孩子，想看他是不是自作聪明的家伙。没想到，接着孩子的两行热泪夺眶而出，这才使得林克莱特发觉这孩子的悲悯之心远非笔墨所能形容。于是林克莱特问他说："为什么你要这么做?"小孩的答案透露了这个孩子真挚的想法："我要去拿燃料，我还要回来!"

投资感悟

　　看了这个《听的艺术》后，在股市，我们也要学会等的艺术。特别是股票走出这样的"一箭双雕"的形态的时候。有股票的不要急于割肉，也不要急于加仓，没有股票的也不要急于进场，而且也不要急于删除自选股，而是学会等的艺术，把仓位建立在最艺术的地方。

投资股票也要找有潜力的，如"一箭双雕"，表面上看着是跌了，其实是有潜力的。主力洗盘的时候是有很多招数的，一会儿老虎凳、一会儿辣椒水、一会儿美人计……一般投资者挺不过去几大酷刑就全部缴械投降，把筹码在低位乖乖地交给主力。伟人毛主席有十六字作战方针：敌进我退，敌驻我扰，敌疲我打，敌退我追。在股市里，我们应该这样应用：主力进我进，主力驻我驻，主力疲我息，主力退我退。

投资哲理小幽默

大妈早上去广场散步，看到有个老头拿着海绵笔在地上写大字，忍不住凑上去看。老头看了大妈一眼，提笔写了个"滚"字。大妈心想看一下至于吗，老头又看大妈一眼，又写个"滚"。大妈再也忍不住了，上去一脚将老头踢倒在地……警察来了问咋回事，老头委屈地说："我就想写句'滚滚长江东逝水'，刚写两个字，就被这个神经病踹倒了。"

股市谚语： 一阳两阴是洗盘，守仓加仓不要闲。

三、"小蜜傍款"

"小蜜傍款"这个词听上去好像不是什么褒义词，但是我们这里不讨论社会伦理道德，对与错不是我们关心的，更不是我们能管的，我们自己做人做事一定要符合伦理道德，而且这里我们只谈论做股票，只取其意思是否贴切，能否说明我们要表达的意思，"小蜜傍款"最直接的意思就是大款有钱，小蜜傍上大款后有钱花，这是小蜜要傍大款的真实意图。在股市里，当股价一直运行在上升通道中、股价的均线系统呈完美的多头排列之势，股价行进过程中经过短暂的调整后，一个"势如破竹"的大阳线自下而上穿越 14 日均线，本来股价应该势如破竹地把攻势进行到底，可是并没有，而是第二天股价收了一个贴着 14 日均线上方一点的小阳线，这是主力在观察跟风盘，并非股价走软，股价只是在这里短暂地停留、蓄势。然后就会展开大幅上攻，我们就把这根跟在"势如破竹"有价有量的大阳线后面的这根蓄势、整理的小阳线或小阴线称作是"小蜜傍款"。

说起这个"小蜜傍款"，给笔者印象最深的经典一战是在2014年底，尽管这件事过去三年多了，但在笔者脑海中却打下深深的烙印，留下了深刻的印象。在这中间，回想起"中铁工业"那一次大快人心的经典"小蜜傍款"之战，笔者都还是觉得甜蜜蜜的似在昨天一样。在中铁工业走出"小蜜傍款"前的很长一段时间里，该股已形成"天女散花"的技术走势，笔者也早早地把它纳入自选股，几进几出，毫无收获，但是笔者也没有放弃，依然时时刻刻地追踪着，终于在2014年12月9日，股价开始放量上攻了，量价齐升，突破前高，但是当天下午又收了回来，趴在了14日均线上，收了一根巨量的阴线，是失败了，还是"仙人指路"？晚上收盘后，对着K线图苦苦思索，一根一根地分析主力的意图，还是不得其解。第二天，开盘就是低开，直接开到了14日均线下，这可是大忌，幸好收盘的时候，股价站上了14日均线，"势如破竹"技术形态赫然而立！终于等到了笔者所期待的攻击形态，可是第三天，股价又一副无精打采的样子，趴在14日均线上毫无起色，但从我们的技术形态来看，"小蜜傍款"是成立了。不要急，好事多磨！

果不其然，2014年12月12日，股价首先就是高开，然后开盘就气势如虹地把股价拉上了涨停板。真的是好事多磨啊，接下来的走势就简单但是刺激多了，接连6个涨停板以后，来了一个"当头一棒"的巨量大阴线，出局信号再简单不过。真的是"天将降大任于斯人也，必先苦其心志，劳其筋骨，饿其体肤，空乏其身，行拂乱其所为，所以动心忍性，曾益其所不能"。孟子真的是哲人啊！真有先见。在那个年代就懂得这个理！（见图2-12）

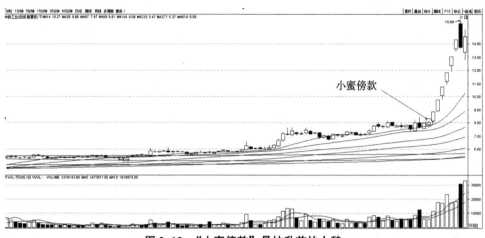

图 2-12 "小蜜傍款"是拉升前的小憩

案例1：宝信软件（600845）

2018年2月9日，宝信软件的K线图上出现了一个"小蜜傍款"的技术形态，在这之前的一段走势中，是相当的沉闷，但是在2月8日一个不起眼的"势如破竹"技术形态出现以后，紧接着的一个"小蜜傍款"打破了这种沉闷局面，紧接2018年2月12日，股价一个"旱地拔葱"涨停板横扫一切牛鬼蛇神，这一天恰好是周一，大概是小蜜傍上大款以后，周末过得比较潇洒，所以周一开盘，神清气爽，接下来的走势也比较干脆、利索（见图2-13）。

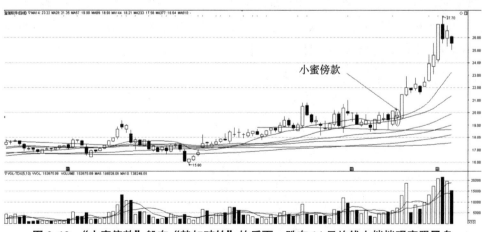

图 2-13 "小蜜傍款"躲在"势如破竹"的后面，趴在14日均线上悄悄观察跟风盘

案例2：保利地产（600048）

2017年12月22日，该股的这个小蜜，傍上了保利地产这个大亨。该股的起涨点是前一个交易日的"势如破竹"，后面的出局信号是2018年2月7日的"走向深渊"。"势如破竹"以后的第二天，紧接着来了一个"小蜜傍款"稍作休整，目的是让认识该技术形态的该进场的进场，不认识该技术形态的该出局的出局，因为这个地方是前期高点，大家在这里做一个充分的换手，该解套的解套，该获利的获利了结，该赚钱的进场，这样对后面的拉升有很大好处，以减轻拉升途中的抛压。

该股的这个进场点"势如破竹""小蜜傍款"和出场点位"走向深渊"，都清楚得不能再清楚，就等于写着买和卖，如果对这样明明白白的买点和卖点都不能认识的话，真的也没什么好说的了（见图2-14）。

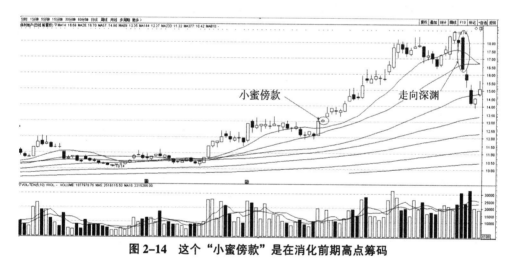

图2-14　这个"小蜜傍款"是在消化前期高点筹码

案例3：兆易创新（603986）

2018年3月13日，兆易创新突破200元股价大关，而且这一波涨幅在当前弱势行情中颇为耀眼，估价和名字名副其实啊，一再创新高，回过头来我们看看，该股这波的起涨点为一根量价齐升突破14日、28日两根均线的"连闯两关"的技术形态，第二天就收出了一根，紧紧依偎在这个大阳线上方的"小蜜傍款"，把前期高点的套牢盘和获利盘消化得干干净净，然后股价就扬长而去（见图2-15）。

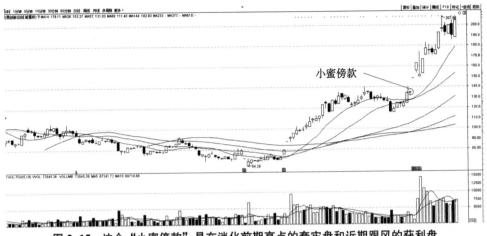

图 2-15　这个"小蜜傍款"是在消化前期高点的套牢盘和近期跟风的获利盘

案例 4：泰格医药（300347）

2018 年 2 月 23 日，泰格医药继昨日的"势如破竹"后，并没有大刀阔斧地勇往直前，而是春心荡漾，找起了"小蜜"，技术形态上的这根上下略微带点影线紧紧依偎在这根大阳线上的小阳线，我们称它为"小蜜傍款"，这个"小蜜"还是忠心耿耿挺管事的一个"小蜜"，从带着上下影线来看，这个小蜜肩负了上下打探的重任，向上拉升一下是看看跟风盘，向下回打一下是看看筹码的牢固程度，看样子这两方面的情况还是令主力满意的，既然没什么问题，那就开始拉升吧！（见图 2-16）

图 2-16　这个"小蜜"是身兼消化前期套牢盘和近期获利盘的重任

投资哲理小故事

这豺真懂事

武则天在位的时候，曾禁止屠杀。

娄师德到陕地出差，厨子端来羊肉，说是豺咬死的羊。

娄师德说，好，这豺可真懂事。

过会儿厨子又端来鱼，说这也是豺咬死的鱼。

娄师德说，你个傻瓜，为啥不说是獭咬死的？

官老爷做事，总是有用不完的借口。

投资感悟

主力，我们虽然看不见，不直接管辖我们，但是它就是我们的官老爷，怎么做都是对的，我们能做的就是百依百顺，你上涨，肯定有理由，我们不管什么理由，也不需要知道什么理由，更无须深究你的理由对与错，先进去再说。你要下跌，即使你没有理由，我们也先出来，没有理由可讲。

有很多时候，炒股就是当"小蜜傍大款"，从理念上来说，首先，我们要把自己定位好，我们就是跟随主力资金的，就是傍大款装小蜜，别把自己当成高管、当成创业者、当成主力。我们就是要发现某个股票启动了，就去撒娇要口肉吃，我们不可能知道底部筹码价格，也不知道顶部抛货价格，我们只要拿到明确的中段百分之几就够了。如果运气好，再多拿百分之几也就行了，我们本来就是小蜜，别太贪，小心被收拾。其次，主力的目的就是让小散接货，而且主力有钱，所以，消息面比我们强太多，也能雇得起"砖家"和"水军"，所以，我们引以为珍的消息也许是被加工多次的假消息，内容是真，意义早被曲解了，所以明明是利好消息老被说成是利空。主力通过假消息洗盘，假消息拉高出货，我们别天天光看财经新闻，要认真去分析，是不是假情报，一定要通过自己的具体分析通过假消息看到真内容！最后一定要记住：主力主要是利用散户操作的随机性和情绪性来赚钱的，所以，他们会骗线、会发假消息、会洗盘。我们就大智若愚好了。只要股票异动，我们知道有主力，而且明确主力资金要拉升，我们就在起爆时迅速进去，然后不管是不是洗盘，在震荡时出来，等明确了再进去，也许主力赚了 200%，我们只赚了 50%，但他们有出货风险，我们没有，他们需要一个月甚至一年的准备工作，而我们只需要几天。

我们在这一个股票里，是属于不劳而获，主力辛勤劳作，我们跟上，享受拉升乐趣，分享拉升成果。

但是总体来说，我们不是不劳而获啊，我们的劳是劳在发现主力、分析主力上，也很辛苦的。

小蜜就要有小蜜的觉悟，我们赚得不多，靠傍主力这样的大款吃饭，但很幸福安康不是吗？

"势如破竹"这个技术形态出现以后，股价一般情况下都会如雨后春笋一样噌噌往上涨，但是有时候也会有例外，例外的时候就是股价趴在 14 日均线上做短暂的停留，这是主力在观察跟风盘的跟风情况，不是股价失败，这个时候我们不要有莫名的失落甚至有立马再卖出的想法，而是要看看股价的走势出格不，出格是指有效跌破 14 日均线，这个时候我们再确认股价走坏了，再做决定也不迟。很多时候就如下面笑话里的这个妈妈一样，如果等孩子把苹果吃完了，再定义孩子也不迟，所以，忍耐一下，虽然忍耐很难过，但是结果很甜蜜！

投资哲理小幽默

一个小朋友拿着两个苹果，妈妈问："给妈妈一个好不好？"小朋友看着妈妈，把两个苹果各咬了一口。此刻，母亲的内心有种莫名的失落……

孩子慢慢嚼完后，对妈妈说："这个最甜的，给妈妈！"

忍耐有时很疼，但结果会很甜蜜；懂得倾听，才会了解真相；爱，有时需要等待，因为爱心在路上。

股市谚语：手中有股，心中无股。

四、"谣言四起"

谣言四起的技术形态是指,股价在正常行进过程中的健康回调拉出的 3~5 根阴线,这个时候的股价整体运行是健康的,有序的,均线系统是完美的多头排列的,但是拉出 3~5 根阴线以后,在里面持仓的投资者朋友从获利到回吐,有的甚至到亏损,是难以忍受的,在外面持币的朋友也因为几根阴森森的大阴线不敢贸然进入了,这个时候说什么的都有,有的人说是头部形成了,有的说是主力资金出货了,有的说是三只乌鸦了……所以我们把它称作是:"谣言四起"。这不是我们挑战传统理论,而是主力在反其道而行之,利用大家都熟悉的出货形态在洗盘。

主力的本意是洗盘,拉升前的清洗。庄家就是在这种质疑和不信任中接过这些动摇不定的筹码,然后继续它的升势。

股市中,千万不要有从众心理。今朝抱团一时爽,明日踩踏火葬场!我们必须未雨绸缪、风起于青萍之末。巴菲特说得多好:"别人恐惧的时候我贪婪,别人贪婪的时候我恐惧。"在股价"谣言四起"的时候,大家都举棋不定、恐惧的时候,正是我们需要贪婪一把的时候,只不过,这个时候,不要太贪,小仓位进入即可,因为"谣言四起"就是主力资金在洗盘,你大单进去,主力是不允许的,还要再拉阴线把你洗出来,那时候就得不偿失了,等主力资金在开始放量进攻时再加仓,这个时候就和主力共进退了。爱你的人,会爱上你的缺点;不爱你的人,无法理解你的美。专业的操盘手,会喜欢主力制造的阴线,业余的股民,见到阴线就害怕下跌!

案例 1:西藏旅游 (600749)

2017 年 9 月 4 日,该股的 14 日均线上穿 144 日均线,均线走势形成"前程似锦"的技术走势,K 线形态也是不甘示弱,走出了一根量价齐升的大阳线,但是接下来三天的走势让买入的人比较郁闷,是技术形态失败了吗?这可是双重技术形态啊!成功率应该加高才对,可能就是这个 K 线太显眼,而且恰恰出现在节点处，认识的人比较多，可能跟进的资金比较大，超出了主力允许范围，那么接下来主力就要再把这部分人赶出去，所以一连来了三根阴线，让持怀疑态度的全部出局，只留下主力的死党。2017 年 9 月 8 日，股价稳稳地坐在 14 日均线上，坚强有力地托住股价上升（见图 2-17）。

图 2-17 "谣言四起"是主力资金上涨之前故意制造的烟幕弹

案例 2：洋河股份（002304）

该股的阶段正处于"天女散花"的主升浪，在该股走累了歇歇脚步的同时，股价也走出了"知错就改"的技术走势，但是改得好像不是很明显，力度也不是很大，还是横盘走。那么到底是知错就改了还是不改呢？股价在 2017 年 12 月 29 日，2018 年 1 月 2 日、3 日横向拉出了三根阴线，形成"谣言四起"的技术走势，还是不能准确地判断股价的走势，2018 年 1 月 4 日，一根量价齐升的阳线一举突破 14 日均线，并稳稳地站在 14 日均线上，"势如破竹"的技术形态出现了，说明怀疑前面股价不能改好的说法都是谣言，接下来敞敞亮亮地拉出几根漂漂亮亮的阳线（见图 2-18）。

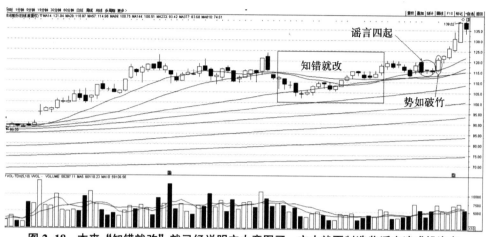

图 2-18　本来"知错就改"就已经说明主力意图了，主力就再制造些谣言迷惑投资者

案例 3：海大集团（002311）

该股的主力是擅长使用这一手法这么迷惑散户的，接二连三地使用，看来效果应该是不错，从该股的均线系统上看，该股正处于所有均线从上而下一根不乱经典的多头排列中，所以在这种情况下，我们一定要多一些耐心，跟随主力把一波行情做足，不要相信所谓的谣言，怀疑主力的实力（见图 2-19）。

图 2-19　均线系统完好、量能健康，实战中就大胆低吸

案例 4：欧普照明（603515）

该股是一个次新股，2016 年 8 月 19 日上市，自上市以来，一直处于强势之中，基本面比较好，在 2017 年 9 月、11 月的拉升途中，分别两次运用 K 线制造谣言，极力想要掩盖拉升的真相，特别是9月，一连打出七根阴线，把股价都打到14日均线之下，但就在14日均线挨着28日均线的时候，均线还是无可奈何地透露给我们股价"悬崖勒马"的真实信息，因为14日均线在28日均线处"悬崖勒马"，不再下探。均线虽然慢，比较滞后，但是很多时候还是真实可靠的，不会说谎。在主力11月制造的"谣言四起"技术形态中，最后一个阴线就是趴在14日均线上，在操作慢牛的拉升股票中，14日均线往往就是我们低吸的一个点位，这个时候再加上主力刻意制造的"谣言四起"和后面的阳线的确认，进场点位就更加明确（见图2-20）。

图2-20　洗下14日均线的"谣言四起"，再上14日均线就是最好的买入点位

案例5：山西焦化（600740）

2018年1月10日、11日、12日、15日，刚刚"迷途知返"的山西焦化又拉出四根阴线，把刚刚上升的股价又打到了14日均线处，技术形态上形成"谣言四起"，真的要下跌了，还是"谣言四起"？不要急着下结论，且看它接下来的走势，如果股价在14日均线下迟迟不上来，我们就不要急着进入，那它就是弱势整理，甚至下跌都有可能。

2018年1月17日，一个漂漂亮亮的"势如破竹"告诉我们，股价不跌了，要涨，而且是势如破竹般地涨。这是个好日子，谐音要起！看来主力还是挺讲究细节的（见图2-21）。

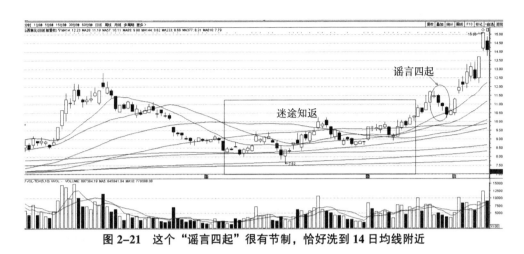

图 2-21　这个"谣言四起"很有节制，恰好洗到 14 日均线附近

案例 6：合纵科技（300477）

该股的"谣言四起"出现在 2017 年 10 月，刚好是前面一波拉升创出新高后，为什么在创出新高后的情况下，主力都要洗一下盘，因为这个时候由于股价的拉升，盘中产生了一些获利筹码和解套筹码，再继续拉升的话，这两部分筹码会给后面的拉升带来压力，而且会和主力争夺卖盘，所以一般情况下，一波拉升以后，主力都要洗盘。主力在制造这个"谣言四起"的时候，均线系统还是适时地告诉了我们真相，因为 14 日均线在 28 日均线处"悬崖勒马"，所以这个时候不管主力制造五根阴线，还是几根阴线，只要股价站上 14 日均线后不下来，我们都视为强势，都找机会在 14 日均线上低吸，在股价放量拉升的时候加仓，分享主力的拉升成果（见图 2-22）。

图 2-22　"谣言四起""悬崖勒马"双重复合形态更加确认主力上攻意图

案例7：老板电器（002508）

在2007年10月底，走出了一组六根阴线组成的"谣言四起"。往前看，该股的起涨点位是2017年9月29日的"势如破竹"。在"势如破竹"的前面，还有一段"浪子回头"的技术走势，我们就暂且不去说了，就说近期发生的事情吧。

因为近期这只白马股意外暴跌，成为近日资本市场的焦点。2018年3月8日有这么一则新闻："老板电器四天市值蒸发百亿，董事长夫人精准减持"。

公司称经营正常，股价重挫因机构抛售；机构在二季度扎堆入股老板电器，三季度又快速退出。自2月27日起，老板电器迅速杀跌，在2月27日和2月28日连续跌停，3月1日跌幅收窄，下跌1.94%，3月2日再度下跌0.18%，四个交易日股价下跌10.4元，市值蒸发达98.7亿元，抹去了公司过去一年的全部涨幅。

一直以来，老板电器堪称A股白马股。自2010年11月23日上市后，公司年净利润增速基本维持在35%以上，公司股价也一直稳步上升，从上市初的4.86元，一度在今年上涨至54.5元，涨幅近10倍。持续多年的乐观态势在2017年末发生变化：2017年，老板电器四季度业绩增速出现大幅度下滑，最终公司2017年度实现净利润14.5亿元，同比增长20.18%，创下了公司上市后最低增速。

笔者查阅资料发现，2017年四季度，老板电器多位高管家属提前撤退，其中公司董事长夫人减持了180万股，套现金额近亿元。对于公司股价快速跌停。老板电器董秘办工作人员表示，主要是公司业绩没有达到一些机构预期，导致机构集中抛售，并非存在重大未披露的负面信息。"目前，公司一切经营正常，未来三年仍可维持20%左右的业绩增长。"

2017年被称为"价值投资"元年，老板电器股价一路飙升，一度受到机构追捧。在2018年1月31日盘中，创出了54.5元的高点。而公司上市时，股价仅为4.86元（前复权）。2017年前期，公司净利润依然高速增长。第一季度实现净利润2.52亿元，同比增长54.28%。机构则在二季度扎堆入股，根据老板电器公司半年报，机构数量从一季度的53家，增加至二季度的337家，持股数增加9235.26万股。与此同时，公司的业绩增速出现"盛极而衰"的现象，上半年净利润增速下滑至41.37%。2017年前三季度，老板电器业绩增速继续下滑，公司实现净利润9.60亿元，同比增速36.95%。机构数量也下滑回到53家，合计持股数下滑3407.57万股。在三季报中，老板电器对2017年度净利润做出预测，公司预计 2017 年度净利润为 144819.95 万~168956.61 万元，同比增长 20%~40%。2018 年 2 月 26 日，老板电器发布 2017 年度业绩快报，公司 2017 年度实现营业收入 69.99 亿元，同比增长 20.78%；净利润 14.5 亿元，同比增长 20.18%。

针对这一上市后业绩增速最差的数据，老板电器重点强调了"房地产"等外部影响，老板电器称，2017 年是公司新三年战略的开局之年，公司一方面面临着房地产调控后续影响、原材料成本大幅上升等不利因素，另一方面又要努力实现技术驱动转型与品牌升级，较好地完成了年初设定的各项指标。

老板电器业绩快报发布的第二天，2 月 27 日，老板电器开盘后一字跌停。深交所盘后数据显示，当日卖出前五名中有三家机构专用席位。2 月 28 日，老板电器再度跌停。3 月 1 日下跌了 1.94%。至 3 月 2 日收盘，公司股价报收于 39.81 元，下跌 0.18%，四个交易日累计下跌 10.4 元，市值蒸发达 98.7 亿元。抹去过去一年的全部涨幅。

"公司没有应披露而未披露的重大事项，公司经营也处于正常状态。"今年 3 月 2 日，公司董秘办工作人员表示，股价暴跌主要是因为公司业绩低于预期，进而引发抛售，事实上，公司发布的业绩，在公司三季度发布的业绩预告范围内，只是机构没有想到业绩在公司预告的下限。

事实上，2017 年在老板电器增速逐渐下滑的过程中，公司高管、高管亲属已经开始逐步减持。在老板电器业绩增速陡降的第四季度，再次出现多位高管家属减持。公司高管家属"精准减持"是否存在消息走漏。对此，前述工作人员表示，公司所有信息，均已经按照相关规定披露。

看完公司的基本面，我们再来看看技术面，在 2018 年 2 月 27 日一直跌停板出现之前，是有很多出局信号的，2017 年 11 月 23 日，股价走出了"走向深渊"的技术形态，我们按照这个信号卖出股票。到 2018 年 1 月 2 日、1 月 8 日，两次走出"势如破竹"的技术形态提示我再进场。2008 年 2 月 5 日，股价又"走向深渊"了，可这次"走向深渊"后并没有相应的技术信号提示我们进场，而是继续在 2018 年 2 月 12 日走出了"落下帷幕"，2018 年 2 月 27 日股价继续走出"不求上进"，2 月 28 日，股价还是"执迷不悟"。

看看这些一连串的技术形态，作为散户的我们，除了技术，还有什么呢？但是如果把技术功夫做到家了以后，我们还需要什么呢？技术形态提示买我们就买，技术形态提示我们卖我们就卖，一切足矣！还需要看什么"正月十五贴对

联——晚半月"的消息、公告呢?(见图 2-23)

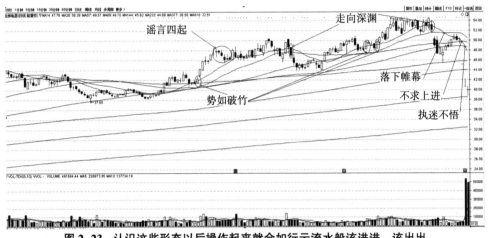

图 2-23　认识这些形态以后操作起来就会如行云流水般该进进、该出出

投资哲理小故事

"脑子进水"

隋朝,杨素跟侯白闲聊。

杨素:假设我挖了一个几百尺的深坑,让你跳进去,你怎么出来?

侯白:我用针出来。

杨素:扯淡!

侯白:真的,我用针把脑袋扎个洞,把脑子里的水放出来,我就浮起来了。

杨素:你脑子里有水?

侯白:我脑子里没水怎么可能跳这么深的坑?

这恐怕就是"脑子进水"最早版本了。

投资感悟

脑子不进水的话,高位的股票我们是不会买入的。低位的股票我们也是不会卖出的。谣言四起的 K 线组合形态,迷惑到不少投资者,一般等到第四根、第五根,甚至第六根阴线走完,你的票割完,一根漂亮的大阳线拔地而起,可是你已经对该股彻底失去信心了,大多数投资者是喜欢买阳线,因为看着它已经涨了嘛! 那么喜欢买阳线的朋友记住了: 买阳线一定要买在一波行情的第一根阳线, 卖在第一根阴线。这样操作一段时间以后, 顺手了, 成功了, 再给自己精进一阶: 买在最后一根阴线, 卖在最后一根阳线。

当买入后就遇到了阴线, 也不要急, 耐心地看看是不是"谣言四起"之类的洗盘。三人行, 一人系鞋带, 你俩等他一下! 这个等他一下并不仅仅是一个人的风度, 在股票市场更多的是等出来机会。

当你摸透了主力的操盘手法, 买入股票想跌都不行, 你想, 你买的是主力要起涨的形态, 主力运作这样一个攻击形态要多少天时地利人和的配合, 这个时候你想让它下跌, 可行吗? 这个时候的红包是必须给你, 不要都不行。

走出"谣言四起"技术形态的股票, 你有功力, 就是主力脑袋进水了给你送红包的, 要不行情一步到位你不是还没有上车吗, 这不是等你上车来了? 但是你功力不行, 那被洗出局的就是你。这个时候脑袋进水的就是你了。

伟人毛主席有句名言: 凡是敌人反对的, 我们就要拥护; 凡是敌人拥护的, 我们就要反对。在股市里, 凡是主力要我们买的, 我们就要卖; 凡是主力要我们卖的, 我们就要买。

投资哲理小幽默

蜜蜂住的蜂窝第二天就要被主人拿去市场卖掉了, 它坐在门口哭泣, 寄居蟹上前安慰。寄居蟹:"兄弟, 别太难过了, 被摘了牌、退了市没有什么大不了的, 改天像我一样借个壳, 不又重新上市了吗?"

蜜蜂:"老大, 我哪里是难过? 我们一家老少盼星星盼月亮, 终于盼到了'整体上市'的这一天, 我是激动啊!"

股市谚语: 三阴灭不了一阳, 后市要看涨; 一阳吞没了十阴, 黄土变成金。

五、"多事之秋"

这个词语字典里是这么解释的：多事，事故或事变多；秋，时期。事故或事变很多的时期。出处是宋朝孙光宪《北梦琐言》卷十二："所以多事之秋，灭迹匿端，无为绿林之嚆矢也。"指容易出事的时期。

那在股市里是如何表现的呢？一般是这样的：股价接二连三地拉出三四根阳线，形势一片大好，大有不买就一直涨下去的意思，这是经典的诱多手法。我们把这三四根持续的大阳线称之为"多事之秋"。秋天一般都是收获的季节，多事就是这么多的大阳线，记得赶紧收获！特别是最后一根阳线放巨量而不封停。

案例 1：方大特钢（600507）

2018 年 2 月 12 日、13 日、14 日，一直在慢慢行动的方大特钢，突然拉出漂漂亮亮的三根阳线，"多事之秋"把技术形态成立了，在这种走"慢牛"走势的个股中，突然来几根漂亮的阳线，紧接着就要回调了，这几乎已经形成主力的惯例，攻其不备、出其不意，因为它一直是"慢牛"，大家都已经麻痹了，然后拉出第一个阳线的时候，大家需要再看看。第二个阳线的时候，大家觉得，比较稳妥了。第三个阳线的时候，大家一直认为行情来了，再不买可能要错过这波行情了，主力往往是反其道而行之，在大家都认为要涨的时候，主力悄悄地把这些筹码卖给了这部分人，然后自己溜之大吉，第二天还不忘记把这些人嘲笑一番，用了一个"含金上吊"的技术形态，像吊死鬼一样把这部分吊在高高的山冈上，而且最高价 19.74 元的尾数 74 还寓意"气死"。意思就是说把这些投资者气死在这里！你说气人不气人？所以实战中弄不清主力这些操盘手法的话，真的会被他们捉弄死，亏钱还被他们嘲笑！（见图 2-24）

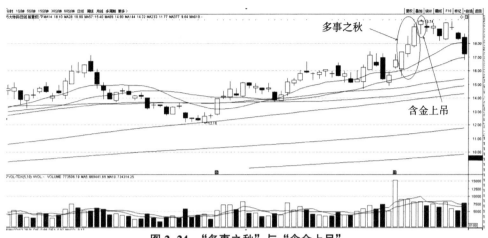

图 2-24　"多事之秋"与"含金上吊"

案例2：新安股份（600596）

2018年3月22日，一根"连闯两关"的大阳线一举突破14日均线、28日均线两根均线，把股价由下跌回调中拉入正常的上升渠道，23日、26日，接连拉出两根阳线并突破前期高点，技术上有调整要求，而且"多事之秋"的技术形态形成，及时收获、落袋为安，把纸上财富变成真金白银（见图2-25）。

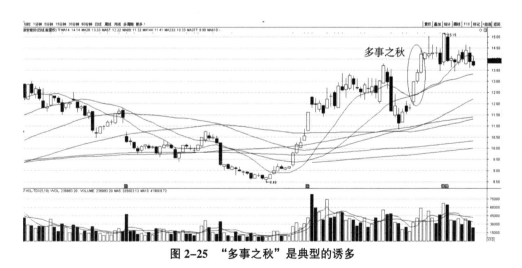

图 2-25　"多事之秋"是典型的诱多

案例3：松芝股份（002454）

我们看一下该股，一年之中能做的行情也就是这四根阳线，在这四根阳线之前的大半年，不管任何时候介入进去，虽然没跌，但是也不会有很好的收益，在这四根阳线之后的一段时间内，不管任何时候进去结局都是亏损，而且该股的起涨点非常清晰明了，均线走势是14日均线上穿233日均线"欢喜过年"，K线相当配合，量价齐升，一举突破多日横盘，把股价送入一个新的台阶，接下来四个大阳线，行情结束。实战中如果说我没有在第一切入点进去，这波行情十有八九要错过，因为第二天就是一个跳空高开，而且尾盘没有封住涨停，这样的走势我们如果有仓位可以守仓，没有底仓在这里追高建仓风险太大，要是单说这一个股也是可以的，但是如果养成这样的追高习惯，在很多时候是会吃亏的。该股接下来的走势"多事之秋"几根大阳线以后，如果没有及时地收获，那么接下来又不理想了，不但把利润如数退还，恐怕还要加倍罚款。所以实战中我们一定要记住，买股的时候一定要买在起涨的临界点上，卖股的时候一定要卖在要下跌的临界点上，这样既能保证资金的安全，又不受盘整的煎熬，也不会亏损（见图2-26）。

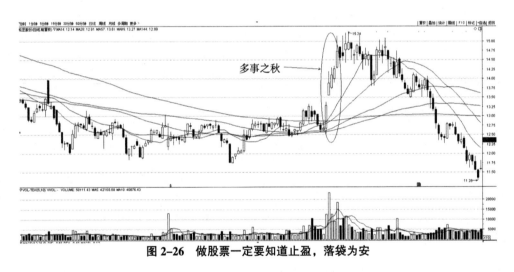

多事之秋

图2-26　做股票一定要知道止盈，落袋为安

案例4：航天电器（002025）

在航天电器图2-27中所示，这波行情的准确卖点应该是2018年1月4日的这根有前面两根阳线打底的连续大阳线，这连续上涨的三四根大阳线，我们称它为"多事之秋"，就是一定要记得收获的季节。否则就容易生出事端来，该股的起涨点是2017年12月6日的"万丈高楼平地起"。

这波行情的走势，我们回过头来看一下，涨个两三天就要回调一下，这就是主力惯用的操盘手法，但是它的回调很有节制，从图上我们可以清晰地看出，在"万丈高楼平地起"开始上涨的第11个交易日，股价有一次回打正好打在14日均线上，当天的股价最低价是 20.83 元，14 日均线的参数为 20.83 元。竟然一分都不差！真的是太巧合了，所以实战中我们选择用 14 日这个数值作为我们的均线参数设置，不是随随便便设置的，是有一定科学道理的，实际操作中，像这样的巧合很多很多。如果一波行情能够顺顺利利地沿着 14 日均线稳步上涨，我们就视为是健康的上涨，即使中间有一两根太大的需要回调的阳线，我们减掉部分筹码后，转身就在 14 日均线上把这些筹码再接回来，这样的话一般我们都能卖在一个相对的高点，再买在一个相对的低点，这就是实实在在的实战中的高抛低吸。14 的谐音"要死"，股价不能有效地在站上 14 日均线，我们就视为它要死了，不要去参与了。瞧瞧这个股，在走出"多事之秋"后的第六个交易日，股价有效地击破 14 日均线，要"走向深渊"了，要死了！结果呢？真的是大幅度的下跌（见图 2-27）。

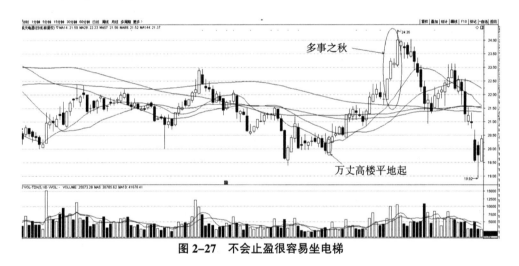

图 2-27　不会止盈很容易坐电梯

案例 5：浙大网新（600797）

该股的走势不拖泥，不带水，清清爽爽，三个大阳线，"多事之秋"，结束行情，来也匆匆，去也匆匆。平时要不是深刻地认识这些技术形态，知道它们的形成原理，实战中还真的不好把握这样的行情，稍微犹豫一下，行情就错过去了，这波行情的起涨点是"势如破竹"，第二天又来个"小蜜傍款"消化一下前期高点的筹码，然后结束战斗（见图 2-28）。

图 2-28　超级短线是暴利，但一定记得把账面财富变成真金白银

投资哲理小故事

《吕氏春秋》里有一段，讲孔子周游列国，曾因兵荒马乱，旅途困顿，三餐以野菜果腹，大家已七日没吃下一粒米饭。

一天，颜回好不容易要到了一些白米煮饭，饭快煮熟时，孔子看到颜回掀起锅盖，抓些白饭往嘴里塞，孔子当时装作没看见，也不去责问。

饭煮好后，颜回请孔子进食，孔子假装若有所思地说："我刚才梦到祖先来找我，我想把干净还没人吃过的米饭，先拿来祭祖先吧！"

颜回顿时慌张起来说："不可以的，这锅饭我已先吃一口了，不可以祭祖先了。"

孔子问："为什么？"

颜回涨红脸，嗫嚅地说："刚才在煮饭时，不小心掉了些灰在锅里，染灰的白饭丢了太可惜，只好抓起来先吃了，我不是故意把饭吃了。"

孔子听了，恍然大悟，对自己的观察错误反而愧疚，抱歉地说："我平常对颜回已最信任，但仍然还会怀疑他，可见我们内心是最难确定稳定的。弟子们记下这件事，要了解一个人，还真是不容易啊！"

投资感悟

所谓知人难，相知相惜更难。当你要对一个人下结论的时候，想想：你所看到的真是事实吗？

我们是不是也常常因为"亲眼所见、亲耳所闻"，对他人产生了某种印象，从而为他人打上某种"标签"呢？

看到的并不一定是真的，就像"多事之秋"一样，看着上涨的气氛很热烈，其实暗藏杀机。股票的走势就如人心的复杂程度一样难以捉摸，眼看着它"走向深渊"，但是一会儿它有可能会"回心转意"（当然了，这个"走向深渊"一定要建立在前期涨幅不大的情况下），你眼看着它"不求上进"，但是一会儿它有可能会"浪子回头"（当然了，这个"不求上进"也一定要建立在前期涨幅不大的情况下），你眼看着它一根接一根的大阳线拔地而起，可是等你终于忍不住跟上的时候，股价却又不涨了，这么多的曲曲折折、来来回回、真真假假，作为投资者的我们，被折腾是不是也很有乐趣？

生活中不要以貌取人，股市中更不要被这种假象迷惑。是阳线不一定就会上涨，是阴线不一定就会下跌。

一杯茶，佛门看到的是禅，道家看到的是气，儒家看到的是礼，商家看到的是利。茶说：我就是一杯水，给你的只是你的想象，你想什么，什么就是你。

一根 K 线，普通投资者看来是个大阳线，而在专业选手看来隐藏极大的风险。每个人都拥有对财富的梦想和追求的权利，但是不要盲目地追求导致迷失自我。关键时候一定要记得见好就收、落袋为安。

实战遇到这样的情况，一定要眼看他起朱楼的时候，赶紧跟上他一起宴宾客，可千万不要跟着他一起塌楼！

有一种衰退，叫作盛极而衰；有一种高潮，叫颅内高潮；有一种财富，叫纸上财富。一定要及时地把你的纸上财富变成实实在在的真金白银。

"多事之秋"的技术形态不太好辨认，就像这个"情人"和"慎入"一样不太好辨认，因为它是带着做多的面目出现的，攻势还是很猛烈，让一般投资者朋友弄不清楚是真攻还是假攻，实战中看看成交量就可以，一般第三、第四根大阳线的实体很大，成交量也很大，却封不住涨停板，那十有八九是属于"多事之秋"，赶紧收获！我们对做波段的要求是卖在最后一根阳线。这个时候卖出一般就是卖在了最后一根阳线上，即使我们的功力暂时不到家，卖在第一根阴线上也是可以的，只是回吐一点点利润，但不管卖不卖，一定不要在这里买，一定不要把"慎入"再当成"情人"拥抱，那麻烦可就大了。

投资哲理小幽默

早上路过一个院子，看见门上挂一块牌子，牌子上面有两个字——"情人"，突然觉得这个院子主人很有趣，于是轻轻推门进去，结果，还没走两步，突然从旁边冲出来两只大狼狗……从医院打狂犬疫苗回来，再揉揉眼睛仔细看了看那块牌子，才发现上面的两个字原来是"慎入"。

股市谚语： 大涨之后必有大跌，大跌之后必有大涨。

六、"事不过三"

"事不过三"源自春秋战国时期"一鼓作气，再而衰，三而竭"的典故。中国人对三似乎有一种情节，"事不过三"是用来警告人不要同样的错误一犯再犯；"三衰而竭"更是有两国交战的历史典故撑腰。用现代的科学观点来看，三是一个稳定的数字，三角形是最稳定的图形。一般事物的发展变化都有其内在的规律。出处自明·吴承恩《西游记》第二十七回，"常言道：'事不过三。'我若不去，真是个下流无耻之徒。"

我们把股价经过拉升以后，创出新高，盘中产生获利筹码和解套筹码，从主力做盘角度考虑有洗盘的需要，而且往往这个时候由于基本面或者大势热点等有时效性的原因，主力又不能长时间地洗盘，所以这个时候的洗盘就会时间短，力度比较大，比较凌厉，但往往就是连续三根阴线吓唬投资者，俗称"三连阴"。"三连阴"分两种情况，一种是打到 14 日均线附近，一种是打到 57 日均线附近。均线系统空头排列的走势中多少根阴线都是我们所说的"事不过三"。实战中望大家予以区分。不要盲目乱套。只要见到三根阴线就觉得是"事不过三"，典型空头中多少根阴线都不为过。

案例1：潞安环能（601699）

该股在2018年2月2日，一个气势如虹的涨停板突破前边三个山头，使近阶段几个月里跟进的所有投资者均有获利，并且使套在前面三个相对高点的投资者朋友也一举解套，2月2日正好是周五，周末一般饭局、聚会比较多，在盈利效应和解套的双重刺激下，"潞安环能"肯定成饭桌上炫耀的谈资。

2018年2月5日，在朋友间口口相传的传播下，很多买入盘一开盘就踊跃买进，使得做多气氛十分热烈，股价量价齐升，搞得有模有样，但下午收盘，收出了一个"露头椽子"，看这情况，主力顺势减仓，而且要枪打出头鸟，2018年2月7日、8日、9日，股价一连三天，收出三根像断了线的珠子一样的大阴线，把踊跃买进的投资者一网打尽，从不缩减的成交量来看，前边已经解套而没及时出局的投资者有可能在这里割肉了，前面获利而没有及时了结的投资者在这里不盈反亏地也割肉了，上周末饭局上被忽悠的追高投资者恐怕也在这里割肉了。经过周一的追高和周末的割肉，大家在2018年2月9日的周末聚会上，谈论"潞安环能"的气氛恐怕就没那么热烈了。但是在2008年2月12日周一，股价就在57日均线附近神奇般地止跌了，但被前些日子折腾得灰头土脸的投资者再也没有勇气在这里和主力抢筹码了（见图2-29）。

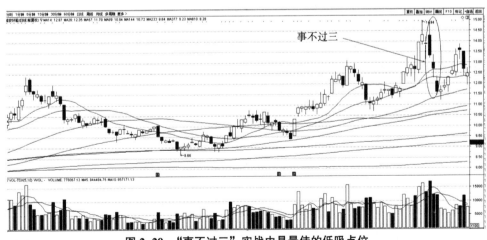

图2-29　"事不过三"实战中是最佳的低吸点位

案例2：招商蛇口（001979）

2018年2月6日、7日、8日、9日，招商蛇口再创出新高后，连拉四根阴线，一口气把股价从14日均线上，打到57日均线下，最后一个线，即2018年2月9日这一天，股价跳空低开低走，很是险恶，但就在89日均线上稳稳地站住了，这个技术形态走了四根阴线按说不能叫"事不过三"，但其实它的市场意义是一样的，所以我们实战中不要生搬硬套，只要市场意义对，有时候两个阴线，有时候甚至五根阴线，但是它们的意思是一样的就可以。该股在2018年2月9日这一天见底后，迅速展开一波反弹行情，到2018年2月23日，股价上摸14日均线，但无力上攻，形成"虚晃一枪"的技术形态，我们就在这里出局，细心的读者可能也注意到了，这一波反弹行情的买和卖，都和我们的神奇数字均线息息相关，最低价就是89日均线，最高价就是14均线，虽然这一波涨幅不起眼，但六个交易日百分之十几也该满足了（见图2-30）。

图2-30　把握"事不过三"的低吸点要注意成交量不能太大

投资哲理小故事

皆因绳未断

一个后生从家里到一座禅院去，在路上他看到了一件有趣的事，他想以此考考禅院里的老禅者。来到禅院，他与老禅者一边品茗，一边闲扯，冷不防他问了一句："什么是团团转？"

"皆因绳未断。"老禅者随口答道。

后生听到老禅者这样回答，顿时目瞪口呆。

老禅者见状，问道："什么使你如此惊讶？"

"不，老师父，我惊讶的是，你怎么知道的呢？"后生说，"我今天在来的路上，看到一头牛被绳子穿了鼻子，拴在树上，这头牛想离开这棵树，到草地上去吃草，谁知它转过来转过去都不得脱身。我以为师父既然没看见，肯定答不出来，哪知师父出口就答对了。"

老禅者微笑着说："你问的是事，我答的是理，你问的是牛被绳缚而不得解脱，我答的是心被俗务纠缠而不得超脱，一理通百事啊。"

后生大悟！

投资感悟

一只风筝，再怎么飞，也飞不上万里高空，是因为被绳牵住；一匹壮硕的马，再怎么烈，也被马鞍套上任由鞭抽，是因为被绳牵住。那么，我们的人生，又常常被什么牵住了呢？一块图章，常常让我们坐想行思；一个职称，常常让我们辗转反侧；一回输赢，常常让我们殚精竭虑；一次得失，常常让我们痛心疾首，一段情缘，常常让我们愁肠百结；一份残羹，常常让我们蹙眉千度。为了钱，我们东西南北团团转；为了权，我们上下左右转团团；为了欲，我们上上下下奔窜；为了名，我们日夜窜奔。快乐哪儿去了？幸福哪儿去了？

因为一根绳子，风筝失去了天空；因为一根绳子，水牛失去了草原；因为一根绳子，大象失去了自由；因为一根绳子，骏马失去了驰骋。

你看，曾经与鹰同一基因的鸡，现在怎样在鸡埘边打转？你看，曾经遨游江海的鱼，现在怎么上了钓钩而摆上人家的餐桌？你看，曾经蹦蹦跳跳的少年，现在是怎样的满肠愁云惨淡？你看，当年日记本上红笔书写的豪言壮语，现在又怎样成了黑色的点点符号？

大象在木桩旁团团转，水牛在树底下转团团；我们在一件事里团团转，我们在一种情绪里团团转，为什么都挣不脱？为什么都拔不出？

皆因绳未断啊。

名是绳，利是绳，欲是绳，尘世的诱惑与牵挂都是绳。人生三千烦恼丝，你斩断了多少根？老禅者说："众生就像那头牛一样，被许多烦恼痛苦的绳子缠缚着，生生死死不得解脱。"

贪念产生于一瞬间，如果付诸行动，就有可能在瞬间，把原本拥有的一切如数奉还！其实又和物极必反有关，与股票投资也密切相关。如果用钟声换算成操作次数，我们可以这样想象，连续盈利的三次操作，就要停下来休息，回避波动，以免第四次出现皆空的现象。从股价上说，连续三根阳线就要减点仓，以免"多事之秋"。凡事不过三，安稳如泰山。反过来呢？三根连续的大阴线，是不是就要考虑买入呢？请看下面的小幽默。

投资哲理小幽默

曾经几个人在风景区游玩，在一处凉亭歇脚休息时，大家看见这个亭子的正中，悬挂着一口巨钟。小高很是感兴趣，便询问起撞钟的价格来，看钟的老者回答说："撞一次两块钱，你就撞三次吧！"

小高连忙把六块钱交到看钟人的手里，然后运足力气用那根悬挂的圆木撞钟。每撞一次，钟声悠然间，便听看钟人跟着喊一声："一撞身体棒……二撞保平安……三撞财运旺……"很快，三次钟已经撞完了。这时，小高发现看钟人正在与其他游客闲聊，便乘其不注意，又多撞了一次。

小高正在暗暗自喜，看钟人却突然回过身子，对他喊道："怎么能撞四次呢？这个便宜是不能赚的，你刚才的三次等于白撞了！"

小高一脸不解地问道："为什么不能撞四次，有什么说法吗？"

看钟人笑道："四大皆空嘛！"

股市谚语：一鼓作气，再而衰，三而竭。

七、"上下打探"

"上下打探"从字面上的意思理解有刺探情报的意思，我们把它运用到这里也正是取的这个意思。"上下打探"的技术形态有两根 K 线组成，一根是向上拉升回落留下一根上影线，一根是向下打压又拉升上来留下的一根下影线，这是股价拉升前的一个试盘动作，向上拉升看看跟风盘的情况，向下打压看看盘面的牢固情况，试探以后结果如果是主力满意的结果，接下来就是大幅拉升。

案例 1：国瓷材料（300285）

2017 年 8 月 29 日、30 日，该股走出了一个"上下打探"的 K 线组合，接下来的几个阳线说明打探下来的结果是主力满意的。我们仔细分析一下这个股票，该股前一段的走势，均线相当黏合，说明市场持股成本比较一致，14 日均线绕着这些均线像玩龙一样上下翻动，搞得大家眼花缭乱，这正是主力想要的结果。但是，"迷途知返"的技术走势告诉我们物价要上涨了，但是刚一上涨，主力就接连制造五根阴线"谣言四起"的迷惑投资者，还是"势如破竹"比较给力，2017 年 8 月 8 日，坚强地站在 14 日均线上的"势如破竹"告诉我们股价是一定要上涨的，接下来的两天，主力还是小心翼翼地上下打探，看看跟风盘，看看筹码的牢固程度，看来结果主力是挺满意，之后三根阳线，"多事之秋"告诉我们要及时收获，2017 年 9 月 5 日，"露头橡子"再次提醒我们，要枪打出头鸟啦！落袋为安吧！看看这些技术形态，我们就知道，主力的心思有多缜密、多狡猾。但是不管主力怎么狡猾，这些均线和 K 线技术形态还是一心一意地告诉我们主力的真实意思（见图 2-31）。

图 2-31　"上下打探"是主力资金觉得盘面情况满意才会拉升

案例 2：大庆华科（000985）

该股在走出这一组"上下打探"的 K 线组合后的拉升，可谓是煞费苦心。怎么这么说呢？我们仔细来看一下这个股票，该股在经过一波大幅下跌以后，股价慢慢地小阴小阳站上了 14 日均线，然后一直很有耐心地、一根一根均线往上突破，直到把最后一根（就是最上面的一根，这一根的压力最大，我们把它称作为"最强之音"，《股市脸谱系列之三》会讲到）均线突破以后，就为了消化这一根均线的压力，就耗时两个月之久，可见压力真不小，主力也真有耐心，当后面又一次突破这个均线以后，股价又横盘整理几个交易日，然后还嫌不过瘾，又下一个台阶继续整理，不过这样的整理都是有章法的，这下一个台阶的最低基本就是上一次整理的高度，很有节制，因为上一次已经整理过的地方，不需要再整理，主力做事还是有板有眼，而且不做重复无用功，2014 年的 4 月 24 日，股价开始放量上攻，按道理说，做了这么长细致耐心的准备工作，应该是万无一失了，但股价当天还是收了长长的上影线又回来了，主力还是不放心，这次是测试跟风盘，看看股价一拉升，盘面的跟风程度是不是主力所期望的。2014 年 4 月 25 日，股价又往回打，这次是测试抛压，看看盘面的牢固程度，当天的最低价为 11.31元。14 日均线的数值为 11.32 元。只下破了一分钱，我们真心佩服主力的细心程度，更叹服"14"作为江恩周期、两个周等等这些数字的神奇。这就是为什么我们一直强调在其他技术形态配合的情况下 14 日均线是一个低吸点位的理由，很多时候真的很神奇（见图 2-32）。

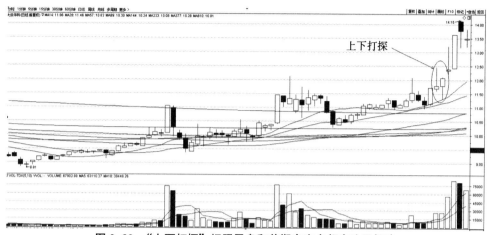

上下打探

图2-32　"上下打探"把跟风盘和前期套牢盘都在这里解决

案例3：京汉股份（000615）

　　该股在2017年3月30日，放量上攻，一举突破两年多来反复整理的高点，但在尾盘又回落下来，留下了长长的上影线，第二天一开盘就使劲往下打，但在尾盘又收了上去，收放自如！可见主力控盘程度之深。两天的K线图组合形成了"上下打探"的技术形态。停牌了，这个时候要是晚上收盘时看明白了，也晚了，买不进去了。

　　4月5号复牌，一字板。毫无悬念。4月17号，还是以涨停开盘，但是盘中涨停板打开了，想了好多天没有买到手里的人们终于如愿以偿啦！看看当天的成交量，就知道有多少人想买，当天的成交金额61亿多，换手率为67.27%。可是当天报收的K线却是"含金上吊"，而且还是阴线，阴线说明已经断气了，这一招应该是商场上惯用的"饥饿营销"手法，想买就不让你买，天天一字板，一直断货，把人们的购买欲望激发得无限大。终于买到的时候也是股价见顶的时候。

　　从这个案例可以看出，在"上下打探"这个买点以前，两年多里任何时候买入都是煎熬，只有在这个临界点买入才是最准确的，买入就涨。在"含金上吊"这个卖出点以后，股价从26.90元一路单边下跌到11.00元，中间连个像样的反弹都没有，只有在这个卖出临界点上卖出才是最正确，由此可见，正确掌握临界点有多重要，而且这两个买入和卖出的临界点位，非常清晰、非常明确，而且非常好认。

　　由此可见，虽然我们的这些均线、K线的技术形态命名有些不高大上，但是非常的接地气，我们要是用"魑魅魍魉、饕餮盛宴、鱼鳖鼋鼍……"类似这样的成语命名，首先是不好认，其次是喻义不一定准确，我们要是用一些经济名词来命名显得就很专业，但是有很多投资朋友没有那么专业，而且炒股也真的不是解方程式、计算XY、什么几次方的根号啥的。所以我们在命名这一套书的78个均线走势、个股形态的时候就考虑尽量接地气、喻义贴切、形象准确、简单好认、朗朗上口、好记好理解、轻松幽默、喜闻乐见。看看这个技术形态，是不是有那么点意思？（见图2-33）

图2-33　看来主力资金对"上下打探"来的这个结果非常满意

案例4：福晶科技（002222）

该股在突破前高以后，14日均线也从所有均线下面钻了上来，使均线系统形成完美的多头排列，股价又横盘了一段时间，然后走出了"上下打探"，打探以后，很可能是效果不满意，不适合拉升，所以紧接着又来了两根大阴线，把股价向下打一个台阶。实战中我们遇到这样的情况，等一等，任何时候都要"兵来将挡、水来土掩"，及时调整策略。股价又在下面调整几个交易日以后，慢慢地又以小阳的方式爬了上来，不温不火地走出了一波行情（见图2-34）。

上下打探

图2-34　看来主力资金对"上下打探"来的这个结果不是很满意，还需要再洗洗

投资哲理小故事

阎王爷的两道题

王老六是个穷鬼，娶不到媳妇，一个人半饥半饱地过日子。

这年，家乡发大旱，地里寸草不生。眼见逃荒的人越来越多，王老六背起自己的全部财产——一袋红薯，也加入到逃荒的队伍中来。

走到半路，老六碰到饿得只剩一口气的父女二人，父亲背上也背着一个很重的袋子。那人见老六背着那么多红薯，便向老六讨要一个吃，老六不肯。

那人便说："你卖给我行吗？我还把女儿嫁给你。"说完把自己背上的一袋银子全倒在地上。原来他是村里的地主。

老六的眼睛直了，因为他穷了一辈子，做梦都没见过这么多银子。而地主的女儿虽然脸上都是尘土，但是可以看出仍然很漂亮。老六立刻把所有的红薯都卖了，牵着地主的女儿，背了一大袋银子。地主的女儿劝他不要把红薯全卖了，但是老六满心欢喜，完全听不进去。怕那地主反悔，他拉着地主的女儿加快了脚步往前赶。

几天后，老六再也走不动了，因为他一路上买不到任何东西吃。买他红薯的地主，很快就赶上了他。老六望着那个男人背上的红薯，开始后悔了，他走上前去要把红薯买回来，可是那人无论如何也不肯卖。

老六失望地跌坐在地上，抱着他的银子，在饥饿中死去……

老六死后，见到了阎王。

阎王说："本想给你一个发财的机会，没想到却要了你的命。真是人为财死，鸟为食亡呀！"老六说："我一生穷怕了，不想再当穷人了"。阎王说："其实你也命不该穷，那红薯只要卖一半，也就不叫穷了，可谁叫你因为贪心钱财全部卖了呢？结果有了钱丢了命！"

"也罢，前生已尽，速速去投胎吧。来生你有两个去向，一个去向是一万个人供养你一人，另一个去向是你一个人供养一万个人，你愿意走哪条路？"老六一听，不假思索地答道："肯定是一万个人供养我一个人了！"然后，千恩万谢地高兴而去。

30年后，老六又回到阎王面前，大说阎王骗他。阎王笑道："怎么就说我骗你呢？"老六说："听了您的话，我做了一辈子的乞丐。"阎王说："那就对了！一万个人供养一个人，指的就是乞丐呀！你什么努力都不想做，就想着享福，哪有这种好事！你不能怪我，只能怪你自己贪心！"老六一听，便对阎王说："阎王老爷，我接下来的一世，求您一定得让我过点好日子啊！"阎王说："这个好说，现在有两份好差事：一份是看守一座金山，一份是看守一片土地。你选哪份呢？"

老六这回仔细地想了想，觉得还是看守金山的好。

阎王看着老六远去的背影说："这人生来就是个穷命啊！"众小鬼问为什么？阎王说："这看守一片土地的差事，实际上是在一个地方当个大官；而那个看守一座金山的差事，实际上是当只老鼠，守一座谷仓啊！"

投资感悟

生活，是你自己过出来的。同样的路，有人漫步、有人奔跑、有人驾车……方式不同，结果就会不同；同样的命运，有人笑着抗争、有人哭着哀求、有人静默地承受……态度不同，结果就会相异；同样的股票，有人看基本面、有人听消息、有人看K线图、有人数浪、有人看趋势……着眼点不同，看出的结果也不同；同样的技术形态，有人卖、有人买、有人观望，结果也不同。没有谁能规定你的生活模式，一切都是你自己的选择。人，性格不同，选择就不同。选择不同，命运就跟着不同。没有人强制你买卖股票，一切都是你自己的选择。想法不同，选择就不同，结果也就跟着不同。

俗话说得好，南京到北京，买家没有卖家精。在股市里，你不要企图比主力更聪明。主力资金个个都是心理学大师、高手，要卖股票的时候就会把气氛忽悠得热烈无比，一直把你忽悠上当为止。作为投资者的我们，谨记一个原则：不管什么时候，只要股价相对位置高，任你怎么忽悠，就是不买，就可以了；宁愿不赚，但也不能亏；宁愿踏空，也不被你套牢。只要你有这心态，结果一般是你既不踏空，也不会被套牢。

主力在拉升前一般要做很多准备工作，"上下打探"就是其中之一，当然也有的个股拉升前主力各方面都心里有数，不用"上下打探"，但是你一旦发现主力"上下打探"，你就要知道，离拉升不远了，但是不要声张，悄悄地做你自己该做的事（买入）即可（一旦到处宣扬、资金买入多得超出主力承受范围的话还需要洗盘，到时候得不偿失）。

股市谚语：历劫方知股海深，掀天浪起百舟倾。从今识得风波恶，慎向风波险处行。

八、"虚晃一枪"

"虚晃一枪"这个词在字典里是这么解释的：形容佯作进攻，以便退却。表现在股市里是这样的：股价在走下降通道，均线系统呈空头排列，当股价跌得太猛太快时，股价和均线系统产生的乖离率加大，这是股价会向均线靠拢，会象征性地向上冲一下，这个象征性地冲一下一般会冲到14日均线附近，有很多时候会留下上影线，我们就把这个上冲14日均线的K线称作是"虚晃一枪"。

案例：江泉实业（600212）

2017年9月27日，江泉实业在一波上涨的回调后有了一小波的反弹，当天收出了轻轻上摸14日均线的"虚晃一枪"，随后就溜之大吉了，就这个小小的反弹也只有三天，2017 年 9 月 25 日，股价在 57 日均线上站稳后，开始反弹，摸着 14 日均线反弹就结束，这就是典型的下跌趋势。在这一段走势中间，我们不建议做股票，做反弹是实在无聊、实在没有标的可做的一种消遣，很少的仓位，找找盘感，练练手法，不能拿这来当作主业。我们介绍这个技术形态也是旨在让我们了解股价的运行规律，了解主力在撤退时的一些操盘手法，即使下跌，主力也会弄一些反弹真真假假、虚虚实实地迷惑投资者，也不是天天阴线一点花样没有地一直下跌。那样的话，大家一眼就认出了是在下跌谁还参与，但是不管主力再狡猾，整体的趋势是下降的，这是无法改变的，用我们的均线系统一丈量就清清楚楚（见图 2-35）。

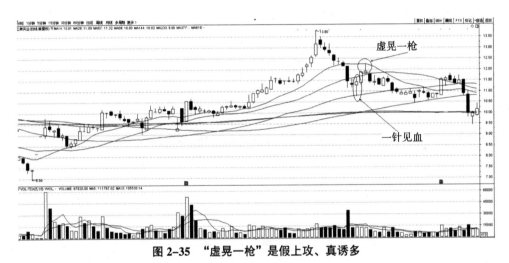

图 2-35　"虚晃一枪"是假上攻、真诱多

投资哲理小故事

话有三不说，事有三不做，人有三不交

话有三不说：

揭人之短的话不要说

"不责人小过，不发人阴私，不念人旧恶，此三者可以养德，亦可远害！"口是伤人斧，言是割舌刀，知人不必言尽，留些口德。不要攻人短处，揭人疮疤。揭人疮疤的人，招人痛恨，害人害己。人活一生，是以尊严立于世，"人活一张脸，树活一张皮"，每一个人都有尊严，都好面子，所以在生活中，不

要揭人短处、言人隐私。

标榜自己的话不要说

别人称赞叫口碑，自我标榜叫吹嘘。"天不言自高，地不言自厚。"真正有学识有涵养的人是不用开口标榜自己的。晚清左宗棠西征，收复了新疆，立下了不世之功。左宗棠本来就有"文人喜大言"的毛病，立功后更是见人就谈自己的西征经历。有人找他办事，不管是公事还是私事，左宗棠三言两语就能把事情绕到西征上面去，让对方无可奈何。左宗棠是有本事的人，吹嘘的功劳也确实是真的，仍然受人诟病，所以标榜自己的话，我们最好不说。

没有价值的话不要说

子禽问老师墨子，多说话是否有好处。墨子说："蛤蟆、蚊子，日夜叫个不停，叫得口干舌燥，可谁会听它们呢？再看公鸡，黎明按时啼叫，天下震动，人们早早起身。""夫人不言，言必有中"，孔子这话的意思是，一个人要么不说话，要么一开口就说中要害。不要说没有价值的废话，多说无益，贵在恰到好处。言简意赅，是境界；口若悬河，何尝无魅力？只是要在正确的时间，正确的场合，对着正确的人，说恰当的话。

事有三不做：

走捷径的事不要做

曾国藩读书不走捷径，不读懂上一句，不读下一句；不读完这本书，不摸下一本书。虽然曾国藩秀才考了九年，但是一旦开窍之后，后边的路就越来越顺，四年后中了进士，而其他早早中了秀才的同学，后来却连举人也没有出来一个。曾国藩打仗不走捷径，湘军每到一处便安营扎寨，将进攻任务变成防守任务，一点点地蚕食着太平天国控制的区域，这便是"结硬寨"；湘军攻城经常性地用时整年，而不是两三个月，通过挖壕沟围城、断敌粮道、断敌补给，有必要时进行围敌打援，方法很笨，但非常有效，这就是"打呆仗"。曾国藩认为自己得益于不走捷径，因为"天下之至拙，能胜天下之至巧"。

损害人的事不要做

害人者的结局往往是"以害人始，以害己终"。有这样一个寓言故事：古时候，京城有一个洗衣匠，他的店铺生意很好，而他的邻居是一个陶匠，陶匠的生意却很萧条。陶匠认为是洗衣匠的店铺影响了自己店铺的风水，就起了害人之心，他求见国王，说洗衣匠有祖传的技艺，能把黑象洗成白象。国王很高兴，因为这个国家只有黑象，而白象被视为吉祥的象征、繁荣富强的预兆，于是下令洗衣匠把黑象洗成白象。洗衣匠不敢抗旨，回家后，不住地叹气。他的妻子问清楚原因，给他出了一个主意。第二天，洗衣匠去见国王说："我家的洗衣盆太小了，容不下一头大象，请陛下先下令造一个装得下一头大象的陶盆。"于是国王命令陶匠在三天内造出一个可以容纳一头大象的陶盆来。这下陶匠傻眼了，最终因造不出来而被国王处死。

贪便宜的事不要做

贪便宜往往会吃大亏，因为世上没有免费的午餐，没有白占的便宜。历来很多骗子就是利用人爱贪便宜的心理来达到目的。很多时候，做事情，要靠人缘。左宗棠说，"好便宜者，不可与之交财"，对喜欢贪便宜的人，大家都防着呢！一来二去，贪便宜的人就会惹人讨厌，人缘就差，反倒会因此失去很多机会。贪便宜的事不要做，吃亏的事不妨做一些，吃亏是福，有时候吃亏就是占便宜。说到利益，有的很表面，人人都可以看得见，但是有的却是隐形的，不是所有人都能看得见。要想有所回报，就要懂得有所付出。

人有三不交：

亲情淡漠的人不可交

春秋时期，管仲辅佐齐桓公，使齐国强盛。管仲临终时，齐桓公来与他讨论将来谁可以代替管仲治理国家。齐桓公认为易牙、竖刁、开方这三人对他忠心耿耿，易牙曾经把自己的儿子蒸了，做成菜给齐桓公享用；竖刁把自己阉割，变成宦官来服侍齐桓公；开方本是卫国的公子，放弃卫国储君不做，而到齐国侍奉齐桓公15年，即使是亲爹病故，也不回家看一眼。管仲说，一个人连自己和自己的至亲都不爱，又怎么会真心爱国君呢，一定要远离这三个人。管仲死后，齐桓公终究还是重用了这三个人，结果这三人作乱，齐桓公在宫中被活活饿死。亲情淡漠的人，天生铁石心肠，冷酷无情，这样的人，切切不可交！

唯利是图的人不可交

曾国藩说："与好利人共事，己必受累。"世界上总有些人唯利是图，在他的心里，永远看重利益，永远是在利用别人，为了利益可以出卖朋友。生活中，与这种人交往，你永远是他的榨取对象，囊中之物。当然他也会付出，不过他的付出是建立在更大的受益基础上的，是建立在对你更多的榨取范围内的。这种人当然不可交！

言而无信的人不可交

孔子说："人而无信，不知其可也。"就是说一个人说话做事总得靠谱，不能一会儿是三，又一会儿是四，让人无所适从。生活中，与言而无信的人共处是个噩梦，对轻言承诺的人抱有希望是浪费生命。他们一直变化着，上午说的事下午就变了，昨天决定的事今天就成了废纸一张，和他们交往，就像坐上一条他们自己也不知开往何方的船。朋友贵在真诚，朋友有别的缺点或许可以原谅，若是言而无信，让人摸不透他的哪句话是真、哪句话是假，还是敬而远之的好，因为谁也没有兴趣天天听无法兑现的话。

投资感悟

股呢？股有几不买？几不卖，还有几不做？首先这个"虚晃一枪"的股票是肯定不能买，其次，以这个技术形态出现的股票的均线系统也是空头排列的，即使不完全是空头排列，最起码短期内是的，这样的股票我们本身就不应该做。

股市里"虚晃一枪"的事情太多了，不要被假象迷惑。而且现在很多的金融衍生品：对冲、股指做空、期权，等等。所以有的时候，你看到一只股票没有理由地下跌，庄家有可能在其他的相关衍生品上做文章。

实战中，如果遇到这样"虚晃一枪"的形态，千万不要心软去做接盘侠，主力走了留下你被套牢的时候没有人会说你讲义气的。像下面这个笑话里的小偷走了，留下你可说不清楚，股市里也没有人找你说清楚，等真的弄清是非了，你的资金早已缩水了。

投资哲理小幽默

刚才经过小区门口，看到三个保安正抓住一个小偷一顿暴揍。我这人心软，就说："几位，别打太厉害了，送派出所就行了！"保安就停手了。小偷冲我嚷："别管我，你快跑！不是让你拿东西快跑吗？"保安松开小偷就把我摁地上了，小偷嗖一下没影了……

股市谚语：买入前要小心求证，买入时要三思而行，卖出时要决心果断，卖出后要经常看看。

九、"一针见血"

"一针见血"，比喻说话直截了当，切中要害。出自南宋范晔《后汉书·郭玉传》。本意：一针刺下去就见到血，形容医生医术十分高明。在股市里，我们把股价寻底时出现的这样一根盘中股价打到很低，收盘时回升上来留下长长的一根下影线的这样的一根 K 线称作"一针见血"。这个技术形态出现在两个位置有效，一是相对低位，是股价见底的信号；二是出现在一波拉升后的洗盘结束时，是洗盘的结束。出现在高位没有任何意义。

案例 1：东阳光科（600673）

该股的走势可谓相当的沉闷，稍微创出一点新高后，就开始打长期的、大幅度的洗盘，在 2018 年 1 月又创出新高后，又开始了没完没了的洗盘，在 2018 年 2 月 9 日，股价"一针见血"地指出："洗盘结束了"，然后股价才开始有一波像模像样的拉升（见图 2-36）。

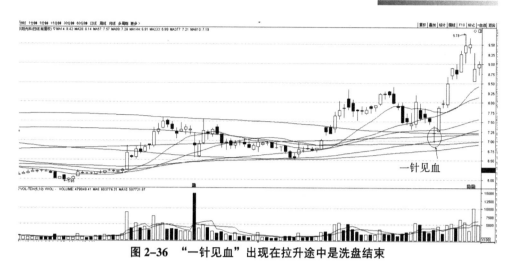

图 2-36 "一针见血"出现在拉升途中是洗盘结束

案例2：钱江水利（600283）

2017年12月6日，该股走出了一根"一针见血"的技术形态，这个技术形态是一个复合技术形态，既是"一针见血"又是"势如破竹"，还是一阳穿两线（14日均线、610日均线），可见攻击力度不小，果然后面三个连续大阳线。最后一根放量滞涨，不封涨停，技术形态上形成"多事之秋"，要及时收割，锁定利润落袋为安（见图2-37）。

图 2-37 "一针见血"出现在金叉节点处是拉升前最后的清洗

仔细观察该案例，还有一个细节，在股价走出这波行情之前，很是受610日均线的压制，这根610日均线，所处的位置此时正好是八个均线的最上面的一根，这就是我们所说的"最强之音"（详见《股市脸谱系列之三》），压力最大，股价在2017年11月30日放量突破这个610日均线以后，又回调了四个交易日，才把它的压力彻底消化，然后才走出一波行情。这些细节都是我们实战中应该注意的细节，好在我们这一套实战系统用的这些参数和数字把它们都很具体化，所以实战中很是实用。望读者多用心体会。

案例3：海螺水泥（600585）

该股在2018年2月2日创出37.10元的新高后，回手几根阴线，就把解套盘和获利盘甩在了阴线里，当人们对这几根连续跳空低开的阴线惊魂未定的时候，股价却在2008年2月9日这天稳稳站在了89日均线上（这里有一个细节值得注意：当天的最低价是29.43元，89日均线的参数是29.40元，相差3分钱，可见神奇数列的数字之神奇），收盘时收了一根长长的下影线，"一针见血"技术形态形成，这时候要把前期创新高而不封停的大阳线上卖出的股票适时地再买回来，就这一买一卖，躲过了六个交易日的调整，时间成本就暂时不说，实实在在12%的跌幅躲过了，利润及时锁定不回吐，买入后再持有七个交易日，2018年2月26日、27日，股价形成"阴魂不散"的技术形态时出局（见图2-38）。

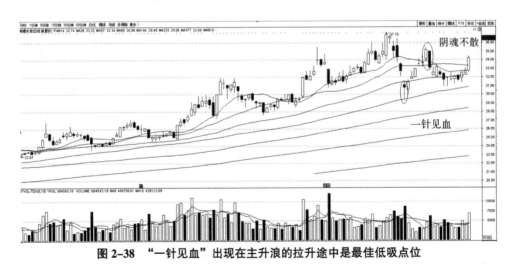

图2-38 "一针见血"出现在主升浪的拉升途中是最佳低吸点位

这个"一针见血"出现在股价拉升途中的洗盘结束时，我们这样按照技术形态的提示，在股价创出新高有洗盘需要的时候，及时退出来，然后等洗盘新结束后再及时地进来，在后面又有卖出形态的时候，我们再及时地卖掉，这样折腾下来股价还没有原来创出新高时的股价高，我们却回避了百分之十几的下跌，又获取了百分之十几的上涨利润，这就是按形态提示进行买卖的好处。"一针见血"有时候出现洗盘结束时，也有时候出现相对的底部，那是股价见底的标志，请看下面这个案例。

案例 4：敦煌种业（600354）

2018 年 2 月 2 日，敦煌种业的股价跳空低开后，收了一根长长下影线的 K 线，技术形态上形成"一针见血"，这个"一针见血"出现的一大波调整后又创出新低（这里面也有一个细节要注意，股价的最低价是 5.66，尾数是对子出现在最低位，有见底的嫌疑，多种细节加在一起，就构成我们判断股价上涨下跌的依据），在这个时候，我们一般视为股价见底，在实战操作中，我们不在这里买卖股票，判断它是底以后，观察后面的走势，后面只要不再创出新低，那么就确认这个的确是底，后面再走出的攻击形态，那就是确认无疑的，是可以买入的。就比如这个敦煌种业，该股在 2018 年 2 月 23 日，就出了一个"万丈高楼平地起"的攻击性技术形态，我们就可以在这里买入（见图 2-39）。

图 2-39 "一针见血"出现在寻底过程中是股价见底信号

案例 5：四环生物（000518）

该股经过一波大幅下跌之后，在 2018 年的 2 月 9 日这天，股价"一针见血"地告诉我们底部到了（注意细节：最低价为 5.05 元，夹板数字，最低、见底的标志），然后不再下跌，2018 年 3 月 6 日，股价"万丈高楼平地起"开始攻击，第二天收出涨停，第三天放量、滞涨、不封涨停，股价形成"多事之秋"的技术形态，出局（见图 2-40）。

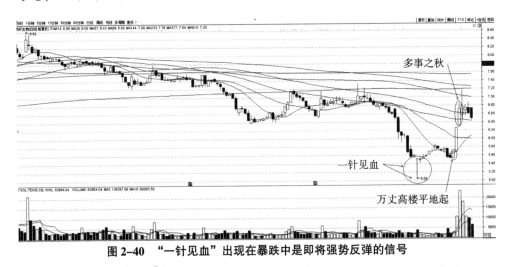

图 2-40　"一针见血"出现在暴跌中是即将强势反弹的信号

四环生物的这一系列下跌、见底、攻击、阶段性高点的动作，用我们的技术形态来解释，清清楚楚、明明白白，买就是买，卖就是卖，不参与下跌，不参与盘整，只在攻击点位买入，买入以后上攻动力消失，立即出局。而且这些系列性动作和敦煌种业的案例极其相似，有句话说得好，幸福的家庭是相似的，不幸的家庭真是各有各的不幸。这就充分说明了，要上涨的股票就是我们这些形态，像连续剧一样，一个接一个地出现。不要上涨的股票，也是千奇百怪，各有各的走势，但是主旋律就是一个跌！

案例 6：ST 生化（000403）

该股的"一针见血"技术形态出现在 2018 年 1 月 16 日，是一波洗盘后的结束信号，神奇就神奇在稳稳地站在了 610 日均线上，当天的股价最低价为 27.50元，610 日均线的数值为 27.51 元，两者相差一分钱，这就是这一套神奇数列作为均线参数的神奇之处，以后我们用得顺手的时候，就像这个案例，我们完全有理由怀疑 610 日均线的参数就是股价当天的最低价，所以我们可以在这个价位上埋伏 3 到 5 手预埋单，埋伏在这里，等主力资金把股价打到这个位置以后，我们再仔细观察盘面，不再下跌了，这个地方有强大的支撑力，我们就知道我们的判断是正确的，这个时候就可以小心翼翼地再加上一部分仓位，截至股价收盘的时候，"一针见血"的技术形态也走出来了，证明我们的判断完全正确，可以再加上部分仓位。做股票就是这样，把这些细节叠加起来，小心求证，大胆操作（见图 2-41）。

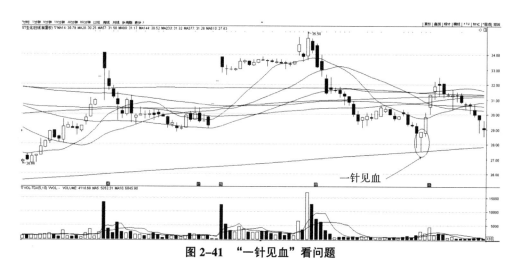

图 2-41 "一针见血"看问题

投资哲理小故事

人生就像坐公交

我们知道它有起点和终点，却无法预知沿途的经历。

有的人行程长，有的人行程短。

有的人很从容，可以欣赏窗外的景色。

有的人很窘迫，总处于推搡和拥挤之中。然而与悬挂在车门上、随时可能掉下去的人相比，似乎又感欣慰。

获得舒适与优雅，座位是必不可少的机会，因此总被人们争抢。

有的人很幸运，一上车就能落座。

有的人很倒霉，即使全车的人都坐下了，他还站着。

有时别处的座位不断空出来，唯独身边这个毫无动静。而当你下定决心走向别处，刚才那个座位的人却正好离开。

为了坐上或保住座位，有的人漠视良心，甚至伤害他人。

有的人却因为这样那样的原因，不得不将到手的座位让给他人。

有的人用了种种的方式，经历了长长的等待，终于可以坐下。但这时他已经到站了。下车的一刻，他回顾车厢，也许会为区区一个座位而感慨，自以为大彻大悟。

其实，即使重新来过，他依然会去争抢，因为有时如果不坐下，连站的位置都没有。除非你永远不上车，而这并不由自己决定。到站的人下了，车上的人还在。依然熙熙攘攘，依然上上下下……

投资感悟

股票投资呢？何尝不是这样？

每一只个股，我们都知道，知道它像公交车一样地进货、拉升、出货的起点和终点，但是也一样无法预知沿途的经历。

有的股票是长庄，长期慢牛，不温不火，几个月下来，涨幅惊人；有的是短庄猛牛，噌噌噌，一个星期，结束战斗。

有的投资人做得很从容，可以赚钱之余欣赏个股一路走来的景色。

有的人做得很窘迫，总处于追涨和杀跌之中。然而与进入 ST 股票被停牌的投资者相比，似乎又感欣慰。获得利润与节约时间成本，跟庄是大家永远不会腻的、津津乐道的永久性话题，因此"庄"总被人们神话。

有的投资者很幸运，一进入股市就能蒙到一只一直涨的股票。就比如一上公交车就有座位一样。

有的人很倒霉，即使遇到大牛市，身边的人都赚钱，他也是只赚指数不赚钞票。就如坐公交车，即使全车的人都坐下了，他还站着。

有时别处的座位不断空出来，唯独身边这个毫无动静。而当你下定决心走向别处，刚才那个座位的人却正好离开。这就好比你的股票，当你最后下决心割掉它换一只时，刚一卖掉，它就开涨，网上流传的一个小笑话，道出了这些人的心声：

我一直不明白：为什么我一个小小散户就可以左右整个股市。每当我一买入它就下跌，一卖出它就上涨，空仓的时候大盘疯涨，满仓的时候大盘狂泻，为什么手握万亿资金的庄家们就死死盯着我这几万块钱不放？

有的投资者看到一直涨的股票，到最后是忍无可忍、拼尽全力终于杀进去了……听到报幕：终点站已到，请全体乘客下车！

有的人做了很多年，自以为大彻大悟。决定要退出股市。其实，要不了多久，他依然会再次入市，因为资本市场的魔力他无法拒绝。

不管你入不入市、买不买卖。股市每天到点就开盘，依然熙熙攘攘，依然买的买、卖的卖……

投资这条路，没有笔直坦途，有的只有羊肠阡陌、九曲回肠，有繁华也有荒凉。

无论如何，路要自己走，苦要自己吃，任何人无法给予全部依赖，不回避，不退缩，以豁达的心态面对，属于你的终将到来。

有时候，你以为走不过去的，跨过去后回头看看，也不过如此，没有所谓的无路可走，只要你愿意走，踩过的都是路。

不奋斗，你的才华如何配上你的任性。

不奋斗，你的脚步如何赶上父母老去的速度。

不奋斗，世界那么大，你靠什么去看看。

一个人老去的时候，最痛苦的事情，不是失败，而是：我本可以。

每个人心里都有一片海，自己不扬帆，没人帮你起航。

只有拼出来的成功，没有等出来的辉煌！

如果说你认同股市里的事好多时候就是在讲故事的话，那么均线系统告诉我们什么地方是容易发生故事的地方，均线走势告诉我们将要发生什么故事（股价是涨还是跌），K线形态告诉我们正在发生什么故事。股市就是这样日复一日地在诉说故事。吸货时的故事就是没有故事，媒体、专家、股评集体沉默，利空不断，前途一片暗淡，拉升时的故事是朦胧利多，媒体、专家、股评等一致看好，前途无量，晚了就买不到股票的感觉，出货时的故事是一个利好接一个利好，一个刚刚兑现，就又有一个含苞待放在不远处摆着撩人的姿态等着你。主力资金货出完，故事讲完，股价一地鸡毛，散户去探究故事的起因，拿着一片狼藉的股票对故事的结局充满期待。但是，莫斯科不相信眼泪，股价一去不回头……

俗话说得好：种菜是一行，养猪是一行，炒股也是一行。你的专业是什么？股市里不乏各行各业的精英，有大学教授、企业高管、政界高官等等，但90%的人进入股市后，亏损累累，为什么？因为大学教授的专业是教授，高管的专业是管理，官员的专业是政治……他们的专业并不是炒股，这就是隔行如隔山！

投资哲理小幽默

股市三字经

牛市拼，熊市熬，几轮回，方开窍。

炒股票，练技巧，修理论，悟绝招。

低慢吸，高快抛，人皆知，谁做到？

大赢家，心态好，重理念，气不躁。

思暴富，急近利，患得失，非英豪。

踏波底，冲浪峰，拨云雾，真英雄。

空亦多，多亦空，变角色，露峥嵘。

定纪律，循规矩，戒赌性，三思行。

选组合，细揣摩，敢实践，必修课。

政策市，消息多，盲跟风，常作魔。

讲技术，矛盾多，精综合，再操作。

顺势为，寻机会，资金贵，频做亏。

镜中物，纸富贵，不了结，鸽又飞。

众人醒，我独醉，反潮流，走一回。

势不明，莫盲从，习忍功，不被动。

不敢输，不能赢，铲恐惧，除贪婪。

阴极入，莫杀空，阳极出，敢放空。

死多死，死空空，出盘局，即加盟。

上下轿，看通道，趋势中，神放松。

测顶底，察秋毫，处两极，鸣警钟。

长短线，信号同，握先机，能从容。

大行情，气如虹，价量升，莫言峰。

股轮涨，水流长，满堂红，势易竭。

防回震，短放空，赚短差，再上冲。

若跳空，量适中，缺不补，牛将疯。

量急增，价滞重，处悬崖，莫放纵。

量不增，价虚升，强弩末，当警觉。

齐呐喊，创新高，人皆醉，我做空。

跌势定，需冷静，莫回首，去进修。

学人长，补己短，善总结，上层楼。

大调整，人休整，睡大觉，解疲劳。

个股跳，莫心动，稍不慎，即套牢。

上新股，多观战，待走稳，莫攀高。

落陷阱，即时逃，想反弹，价更糟。

跌过头，有反抽，轻仓进，赚就溜。

打反弹，有原则，赢即跑，败即逃。

不大跌，勿须做，跌得深，弹得高。

反弹点，捕捉好，前升幅，黄金处。

暴跌型，看三阴，点降型，等大阴。

控仓位，降预期，分步进，逐步跑。

轻选股，重跌幅，乖离率，是参数。

弹结束，全抛出，是断腕，也割肉。

跌势尽，大盘稳，无新低，入盘整。

反复打，不再垮，底来临，显特征：

庄吸筹，人气苏，量价增，又逢春。

众个股，忙上攻，股评界，仍唱空。

过数日，盘翻红，再回抽，遇支撑。

似反弹，却逆转，莫犹豫，抢龙头。

涨莫喜，跌莫忧，设盈损，壮志酬。

年复年，月复月，做波段，巧投机。

滚打爬，变手法，独思考，渐成熟。

上埋雷，下丢弹，循环转，有钱赚。

莫忘形，记伤疤，慎防范，保平安。

> 积龟步，行千里，聚细流，汇江海。
>
> 此股经，请记清，辛酸泪，血写成。
>
> 股中来，股中去，抛粗砖，引白玉。

股市谚语：股市如果找到下跌原因之时，股市就是见底之日；股市如果找到上升原因之时，股市就是见顶之日。

十、"含金上吊"

"含金上吊"表示这个人很爱钱，连生命都可以不要就是不能没有钱。舍命不舍财。在股市里，股价经过一波拉升以后，某一天大幅高开，但是盘中由于主力出货股价下探，收盘时出现的一根形态上和"一针见血"差不多的很小实体很长下影线的 K 线，我们把它叫作"含金上吊"。这个 K 线的形态和"一针见血"一样，但是出现的位置不一样，具体含义就大不一样了，"一针见血"是股价见底或者洗盘结束，这个形态是庄家出货后尾盘又拉上去造成的，以便明天有个好的价位继续派发，长长的下影线是庄家派发留下的痕迹，收盘价拉上去是为了维护股价不掉下来。实战中遇到这样的 K 线一定要加以小心。

案例 1：神马股份（600810）

2018 年 2 月 23 日，神马股份"含金上吊"了。该股的买点十分清晰，就是 2008 年 2 月 12 日、14 日均线上穿 233 日均线的节点处，股价止跌收了一个小阳线形成"欢喜过年"的技术形态处，五个交易日，股价涨幅 28.35%。"含金上吊"处清仓走人（见图 2-42）。

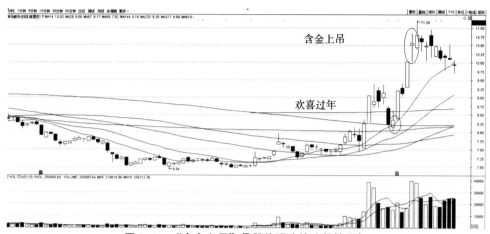

图2-42　"含金上吊"是股价明确的阶段性顶部

案例2：中电电机（603988）

该股是怎么涨上来的我们就暂时不去分析了，我们只看看2017年11月16日出现"含金上吊"以后如果不卖掉这个股票的后果是很严重的，当然，如果是做长期波段操作的，毕竟这个"含金上吊"当天看起来并不明显，因为它吊得并不高，不是很明显的一个吊死鬼杆在那里，我们可以卖在2017年11月30日的"走向深渊"，如果要是这里没卖，接下来2017年11月30日的"落下帷幕"，我们一定要及时把股票卖掉，如果要在这里还没有卖的话，那接下来可真是要死人的！股价从"含金上吊"的那天最高价57.87元掉到了27.60元（见图2-43）。

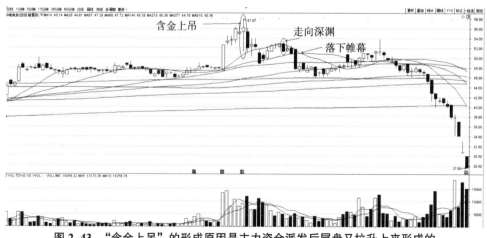

图2-43　"含金上吊"的形成原因是主力资金派发后尾盘又拉升上来形成的

在这个案例里，有一个细节不知道细心的读者发现没有，就是这个"含金上吊"当天的最高价57.87元。这个数字是有点学问的，这是笔者和私募、证券公司的朋友共处多年得到的一些做盘信号，属于秘密了应该是，在这里就给有缘的读者透露一下。

第一种情况，就是如出现"8.78、7.67、8.78、9.79"如此有规律的夹板数字，在高位看见这种数字就抛，低位看见夹板数字就是买进信号（如图2-44、图2-45）。

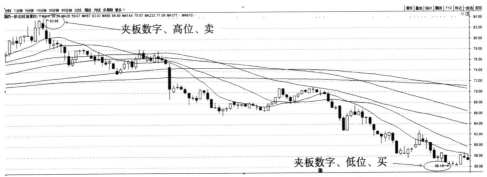

图2-44　相对的高低点的数字都是有规律的夹板数字

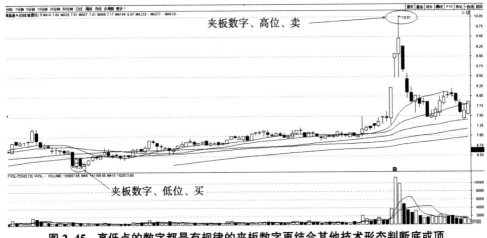

图2-45　高低点的数字都是有规律的夹板数字再结合其他技术形态判断底或顶

第二种情况，在波段的高位股价尾数出现"6、7、8、9、0"是高抛信号，反过来在波段低位是买入信号（见图2-46）。

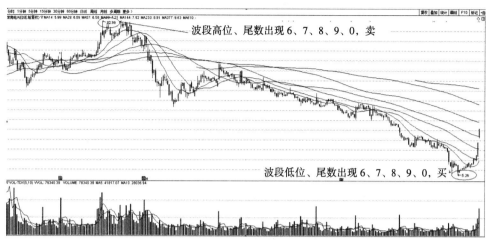

波段高位、尾数出现6、7、8、9、0，卖

波段低位、尾数出现6、7、8、9、0，买

图2-46　相对的高低点的数字都是有规律的数字

第三种情况，尾数对子，如在波段的高位股价尾数出现双数，比如，11、22、33、44、55……以此类推，在波段高位是抛出信号，在低位出现的数字就是买进的信号（见图2-47）。

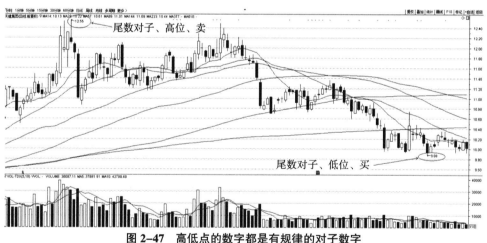

尾数对子、高位、卖

尾数对子、低位、买

图2-47　高低点的数字都是有规律的对子数字

第四种情况，一条龙数字，如出现18.88、19.99、11.19等这些数字就是3个相同的数字，有规律的数字就是一条龙，同样在高位就是抛的信号，低位就是买进的提示信号（见图2-48）。

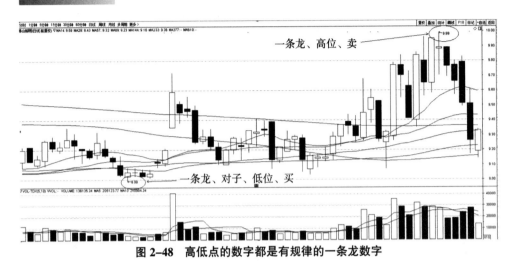

图 2-48　高低点的数字都是有规律的一条龙数字

第五种情况，整数关口，如 14.00、5.00、8.00、7.00 等，高位不突破，就抛出；低位不破整数的数字，就是一个参考的买进数字信号。暂时就简单列举这几种吧。毕竟这是朋友的秘密，说多了也不太好。望读者见谅（见图 2-49、图 2-50）。

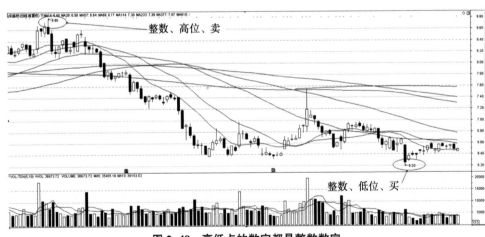

图 2-49　高低点的数字都是整数数字

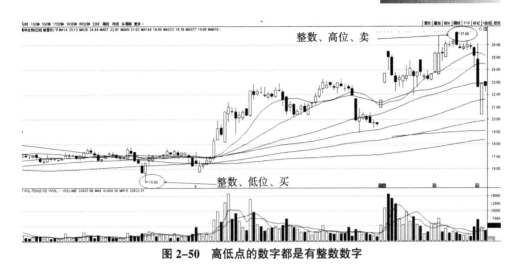

图 2-50　高低点的数字都是有整数数字

案例3：埃斯顿（002747）

这个案例我们也不过多地解释了，就看看图 2-51 吧，看看这远远的山头上的这一根像吊死鬼一样的K线，是不是很形象，很贴切？而且还是阴线，是不是觉得阴风森森、寒气逼人？如果不相信的话在这建仓的人接下来的走势不死也昏！但是说实话，这个K线还真整了不少人，看看下面的成交量，没有人买的话，哪来这么多的成交量？实战中我们看到这样阴沉沉的、不吉祥的K线，远离它就是了，有仓位的赶紧出掉，没仓位的避而远之（见图 2-51）。

图 2-51　高高的山上看上去就像有个吊死鬼一样

案例4：欧浦智网（002711）

该股经过一波大幅拉升以后，接连两天出了两个"含金上吊"，第一个是一字涨停板开盘，盘中经过派发以后，尾盘又拉上去，留下了长长的上吊线。这就是主力派发留的不能磨灭的痕迹，主力要在高位派发，以涨停开盘，尾盘拉上去是为了维护股价在高位，以便明天有更好的派发，这就导致了这个上吊线是阳线，是阳线说明还有一口气呗，果然，第二天又创了新高，这个新高又坑死了不少人，第二天的这根上吊线收了阴线，说明也就死翘翘了！（见图2-52）

图2-52　相对高位、巨量是其明显派发特征

来，看看后面的走势，后面没几天就开始"走向深渊"，这个深渊可不是一般的深，而是从高位的17.70元跌到了6.11元。可以说是悬崖峭壁、万丈深渊了！（见图2-53）

图2-53　无视"含金上吊"的卖出信号后果很严重

案例5：海鸥股份（603269）

2018年3月16日，海鸥股份经过一波凌厉的上涨后，K线形态收出了一根"含金上吊"的技术形态，这个"含金上吊"吊得并不高，但从脚底下的巨量成交量来看吊死人并不少，而且紧接着后面就是两个跌停板，出手太重了。截稿为止是两个跌停板了，后市也不乐观啊。实战中对于这些出货形态一定不可等闲视之（见图2-54）。

图2-54　"含金上吊"是诱多圈套

投资哲理小故事

圈　套

袁枚的《子不语》中讲到一个蔡书生，说杭州北关外有一座房子经常闹鬼，别人不敢买，他买下了。家人都不愿跟他住进去，蔡书生就一个人住了进去。这天晚上，他秉烛读书到夜深，果有一漂亮女子翩然而来，脖子上系着红绸子，看到蔡书生后深深一拜。拜完后，就不慌不忙在房梁间结绳子，结好后，便把脖子伸了进去。女子还在旁边也挂好了一条绳子，召唤蔡书生来。蔡书生会意，就把自己的一只脚伸了过去。女子说："错了。"蔡书生一笑，说："是你错了吧。你因为错了，才有了今天。我可没有错！"女鬼听过此话，似有所悟，伏地痛哭，朝着他拜了两拜，飘然而去。

后来，据说这位姓蔡的书生，科举登第，"官至方伯"，即做官一直到布政使之职。

投资感悟

实战中，主力会设计好一些圈套和陷阱，等着我们去钻。"含金上吊"就是其中之一。有时候，看似人世险恶，让自己无处可逃。但反过来一想，也不全是他人够损，而是我们太笨。股市里，稍不留神就会被套路，所以投资还需要一种解套的智慧。生活中会有很多让人感到窘迫的突发状况，这些状况看似平常实则暗潮涌动。对于生活修行很高的人，这个时候一句幽默的话语就能化解所有的尴尬。生活的智慧在于我们如何更好地去把握好生活的每个点，从而避免被套路。股市里，位置高的股票，而且在放量，再有这么明显的形态，这个时候你还要去买，那就是飞蛾扑火，然后被套了再归咎于运气不好或者是主力太坏。蔡书生的一脚，看似机诈、实则灵巧，看似圆滑、实则可爱。这一脚，其实是一种与生活周旋的能力。这种能力，于每一个人来说，都是少不得的。梁上有套，不过是生活，心上有套，就真是命运了。股市有套，你不买，没有人会逼你买的。前提是你一定要认识什么是套。这种"含金上吊"的技术形态就是主力设计的套的一种。

我们很多人很多时候分析完股票以后，根据自己的判断就信心满满地全仓杀入，期待后面自己分析得出来的大阳线甚至涨停板。可是股价并没有按照期望走，这个时候就不要再坚持自己的分析判断了，不是股价走错了，而是自己分析错了！

而且，好多股票在大涨大跌之前总会有一些警示性形态。实战中，一定要正确认识和区分什么是标志性形态和什么是警示性形态。下面举例详细说明下。

"万丈高楼平地起"：这个形态，不但是标志性地标志着股价见底，同时预示着一波行情的开始，具有一定的攻击性，实战中可以立马跟进。

"拉开帷幕"：这个形态，也是具有一定的标志，标志着股价下跌的空间被封闭，但是，涨不涨还要结合K线，如果K线还是小阴小阳，那实战中还要继续等待。就比如开车，有时候我们会开到一些路段，路旁有"事故多发段"这样的警示路标，但是事故发不发生还是取决于司机。实战中我们遇到"拉开帷幕"这样的形态，我们知道，股价到了易于发生行情的地段了，但是，有没有行情，取决于操盘手，看K线，有没有攻击性的K线出现。

"含金上吊"：这样的K线，只是有一定的警示作用，不具有标志性，出现在一般拉升后只是警示股价有可能到顶，但是实战中有时候还会有新高，作为一个职业操盘手，对后面有可能创新高的这段利润，我们是以一种谦和的姿态不要的，即使有时候真有，我们也要把它让给庄家的，我们要的是很确定的那段利润，这些属于庄家的即兴表演，带有很大模棱两可的不确定性，我们不要。做股票，似是而非的机会太多太多，盘中一定要舍得放弃，不做这样的，欣赏看他究竟怎么表演。

收盘收阳线的"含金上吊"，一般第二天还会有高点出现；收盘收阴线的"含金上吊"，基本上也就死翘翘，抢救不过来了，大多数第二天低开低走，很难再见"含金上吊"时的高点了。

股市谚语：探仄寻幽谙路径，临深履薄练身心；好凭风力乘时上，莫忤潮流逆浪行。

十一、"鬼子进村"

"鬼子进村"一听就不是什么好话。在股市里，庄家吸货建仓时，就像这个"鬼子进村"一样，趁着朦胧的夜色、低迷的市场人气悄悄地吸纳，但是尽管庄家做得再隐蔽，量区里的成交量隐藏不住庄家进货的痕迹，量区里的成交量一组一组地悄悄地放大。就像"鬼子进村"一样。持续的小阳K线，一组一组由三根到十几根都有。这是庄家在静等拉升时机，并进行拉升前的强势资金的进入。这时的庄家建仓任务早已经完成。有人认为是强悍短庄的见机投入，不管怎么样，都是股价要马上拉升的强烈信号。

"鬼子进村"这个形态的命名是为了大家能够充分地认识它的市场含义，大家都知道，"鬼子进村"的潜台词就是：打枪的不要，悄悄地干活！这几个字能够最真实、最具体地说明庄家进驻某只股票时的特征。

案例1：森霸股份（300371）

2018年3月20日，14日均线上穿57日均线，均线走势形成"战斗打响"，

K线形态也十分配合，量价齐升，并且第二天跳空高开直接封涨停板。我们回头看，该股上市不久便遭打压，一路下行，在底部筑了一个平台后，主力资金又不惜把平台打破位，再向下一个台阶，而就在股价跳空向下低开低走，人们都以为深不见底的时候，股价就那么神奇般地止跌了，不但止跌了，还要慢慢地回升了，如图中2-55所示，收出了一连串的阳线，脚底下的成交量也在偷偷地、慢慢地放大，这个时候，敏感的投资者都已经发现了主力的踪迹，可是主力马上又站出来拉出四根阴线放出"谣言四起"说，你们看到的都不是真的，股价不会涨、如何如何……可是均线系统不会骗人，又过两个交易日，14日均线如期上穿57日均线，"战斗打响"了，谣言不攻自破，股价开始上涨（见图2-55）。

图2-55 "鬼子进村"是主力资金建仓的痕迹

案例2：御银股份（002177）

2018年3月，在走了一年多的"暗无天日"的底部横盘以后，主力资金又凶狠地向下打压了一波，把股价打压得破了相，但人们都以为底部遥遥无期的时候，股价止跌了，然后收出了一连串十根的小阳线碎步向上，把股价稳稳地托住，脚底下的成交量也在慢慢地、悄悄地、温和地、不引人注目地放大，但再怎么隐蔽，这些都是主力资金收集完毕后的最后打压，和拉升前的增量收集（见图2-56）。

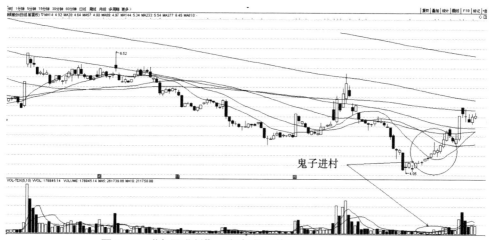

图 2-56　"鬼子进村"一般都是打枪的不要，悄悄地干活

案例 3：山鹰纸业（600567）

　　该股的这一波"天女散花"涨得是波澜壮阔、牛气冲天。"落其实者思其树，饮其流者怀其源。"我们往前看看那一根一根的小阳线，和脚底下不急不躁慢慢放大的成交量，就会觉得这一波上涨是有因有果。我们以后在实战中发现主力资金"鬼子进村"的时候，一定要多加注意，把该股纳入自选，但是不要急于介入，我们要做到比主力还有耐心，因为主力资金比较庞大，它需要慢慢地分批进入，我们不需要，我们只等它把这所有的工作都做好之后，我们只找准一个很好的临界点，切入进去，就像该股，这个"天女散花"的起涨点是：14 日均线向上突破所有均线形成"出人头地"。我们在这个临界点，准确地介入，享受后面"天女散花"给我们带来的拉升乐趣，同时也避免横盘给我们带来的时间成本，规避了里面的不确定因素造成的风险，只参与上涨，不参与横盘和下跌。这也就是我们这一套股市脸谱系列丛书所致力于精准把握股票上涨和下跌的临界点的实战意义所在（见图 2-57）。

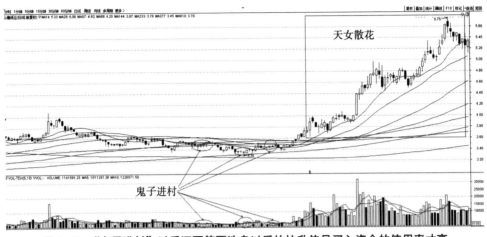

图 2-57 "鬼子进村"以后还要等再洗盘以后的拉升信号买入资金的使用率才高

案例 4：太龙照明（300650）

这是一个短促的闪电战，主力是个急性子，2008 年 3 月，两个一字板，揭开上涨的序幕，后面开板基本上就见顶，我们往前搜索一下主力的身影，前面在底部横盘以后，主力用连续十来根大阴线，把股价打到一个坑里，然后就在这个坑里悄悄地把散户割肉的筹码悉数收纳，用了一组小阳线稳步上升，一路收买。这应该就是传说中的散户坑，先打压后收集（见图 2-58）。

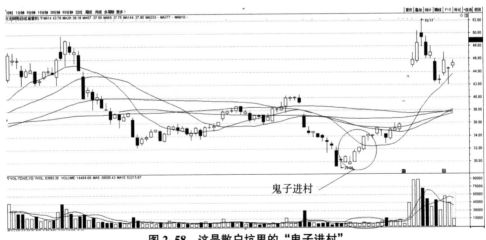

图 2-58 这是散户坑里的"鬼子进村"

投资感悟

我们分析股票，表面上是技术分析，实际上是通过均线看股价的运行趋势、通过K线和成交量捕捉主力资金的动向。

作为投资者的朋友，如果我们对股票的分析能做到细心和有心，还需要什么背景、消息？主力资金的一举一动不全在我们的掌控之中吗？

后面这个幽默故事里看似杂乱无章的购买清单，经过对比发现其中的规律和不符合常规的数据，往往能够得出一些真实的结论。这就是互联网时代大数据的应用。在股市里，我们不运用大数据的计算，通过盘面信息就能知道哪只股主力资金已经入驻，我们就悄悄地把它纳入自选股，等待后面的量价异动、散户坑、洗盘完毕。我们争取买在"洗盘结束时"。

投资哲理小幽默

大数据时代

美国的 Target 百货公司上线了一套客户分析工具，可以对顾客的购买记录进行分析，并向顾客进行产品推荐。一次，他们根据一个女孩在 Target 连锁店中的购物记录，推断出这一女孩怀孕，然后开始通过购物手册的形式向女孩推荐一系列孕妇产品。这一做法让女孩的家长勃然大怒，事实真相是女孩隐瞒了怀孕消息。

股市谚语：战情未晓休行令，趋势难明莫下筹；浅水滩头闲放棹，待他潮起泛中流。

十二、"狙击涨停"

"狙击涨停"是我们做股票的人最惬意的一件事，没有之一。

众所周知，连续七个涨停板多一点点，原始资金就翻上一番。换句话说，就是 10 万块钱的起始资金，买的股票连续七个涨停板，资金就变成了 20 万左右。现在我们的 A 股市场 3000 多只股票，每天几十只，甚至上百只涨停，连拉七个涨停板的股票也隔岔差五地出现，甚至连拉十几个涨停板的都不是什么稀奇事，这些一连串的涨停板刺激着我们这些股海弄潮儿的神经，但是怎么才能有效地抓住这些涨停板呢？是我们苦苦寻觅、乐此不疲的事情！

抓鱼，我们一定要到水里去；抓鲨鱼，我们一定要到海里去；采山货一定要到山上去，到水里是采不到山货的，到山林也是抓不到鱼的，这些常识我们都懂的。在股市里，我们要做到涨停板，首先我们就要找到涨停板经常出没的位置，这个很重要。笔者经过十几年的实战经验，把涨停板容易出现的位置简单罗列一下。

第一种情况：金叉。就是 14 日均线和 28 日均线、57 日均线、89 日均线、144 日均线、233 日均线、377 日均线、610 日均线的金叉处。这个时候的股价是典型的空头排列，股价见底后，开始一个台阶一个台阶往上攻，每当攻上一个台阶后，上面遇到了大的均线，就要回调一下，休整一下，然后再开始上攻，当股价刚好回调到 14 日均线和其他的均线的节点处时，和谐共振，股价再开始上攻，如果刚好是从这个节点处开始攻击，这个时候容易产生涨停板。请看案例。

案例 1：登云股份（002715）

2018 年 3 月 20 日，经过大幅下跌见底后的登云股份，14 日均线上穿 28 日均线，股价形成"拉开序幕"的技术走势，K 线和谐共振，跳空高开，直接封板（见图 2-59）。

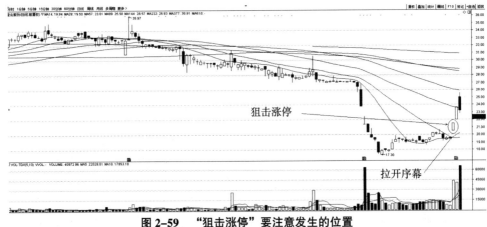

图 2-59　"狙击涨停"要注意发生的位置

案例 2：神州信息（000555）

2018 年 3 月 16 日，经过大幅下跌的神州信息股价不再下跌，14 日均线上穿 28 日均线，当天股价在这个金叉处开盘，当天报收涨停板，这样的 K 线形态、均线走势如此和谐共振，实属经典中的经典，实战中不可多得，即使当天没有发现，切入进去，晚上复盘的时候发现，像如此低的位置，股价放这么温和的量就能封住涨停板。第二天完全可以追，实战中好多涨停板第二天是不可以追的（见图 2-60）。

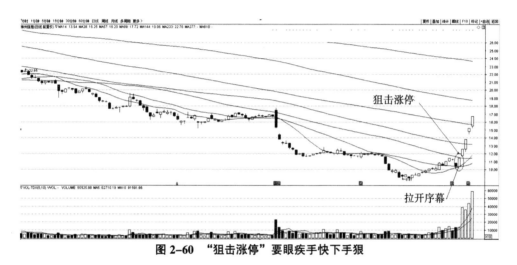

图 2-60　"狙击涨停"要眼疾手快下手狠

第二种情况：高开。高开也分两种情况。

第一种是当股价见底以后，开始稳步上升，14 日均线在股价的带动下，依次向上穿越 28 日均线、57 日均线、89 日均线、144 日均线、233 日均线、377 日均线，在即将要穿越这些均线的时候，突然跳空高开，开在这些均线之上，开启一波上涨。请看案例。

案例 3：文一科技（600520）

2017 年 12 月 11 日，在底部横盘了半年之久的文一科技突然在 57 日均线之上跳空高开，然后收盘封住涨停板，接下来开启一波火箭式拉升（见图 2-61）。

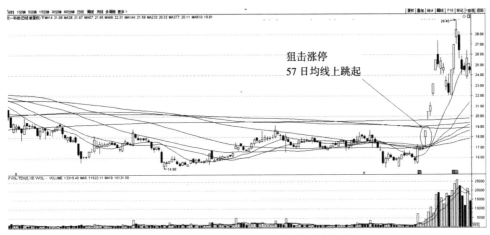

图 2-61 "狙击涨停"要注意发生的位置

案例 4：周大生（002876）

2018 年 2 月 27，毫无征兆的周大生，在 144 日均线上跳空高开"鱼跃龙门"，以迅雷不及掩耳之势封住涨停。开启了一波上涨（见图 2-62）。

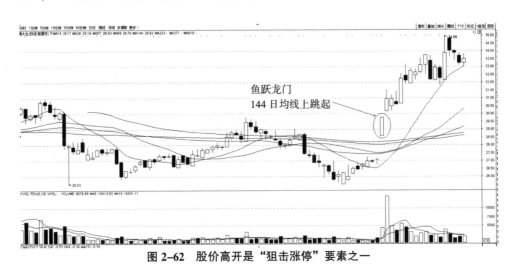

图 2-62 股价高开是"狙击涨停"要素之一

高开的第二种是股价见底后在小阴小阳小碎步慢慢上涨的过程中，突然有一天价高开，高开在 14 日均线之上的不远处，就是和 14 日均线乖离率很小的地方，开启一波上涨。请看案例。

案例 5：科蓝软件（300663）

2018 年 1 月 10 日，横盘多日的科蓝软件，突然在 14 日均线上方不远处，也是最近整理的平台上方，跳空高开，迅速封板，然后连拉几个涨停（见图 2-63）。

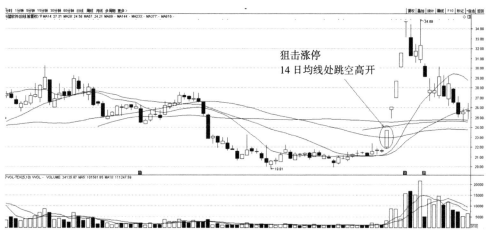

狙击涨停
14 日均线处跳空高开

图 2-63　股价高开、开盘后即大单上攻是明显特征

投资哲理小故事

每个人都需要这六面镜子！

1. 望远镜

登高才能望远。杜甫说："会当凌绝顶，一览众山小。"站得高的时候，看到远处众山渺小，人会自然而然产生万丈豪情，刹那之间有了前进的动力。苏轼说，"不识庐山真面目，只缘身在此山中"。但若你站在高处，极目眺望，那么庐山的形貌也就一览无余了。只有站在高处，人才可以看清纷繁复杂的表象背后，到底隐藏着什么样的真实。《左传》里讲，"君子务知大者远者"。一个人站得高，才能看得远，看得远才能知道未来的路到底要怎么走。一个有望远镜的人，有着永不低沉的热情，有着拨开迷雾见青天的能力，有着规划未来的心智。

2. 放大镜

放大你的胸怀，俗话说得好，能容人才能聚人。能聚人才能成事。一个人若是小肚鸡肠，那就没有人愿意待在他身边。孤家寡人，单枪匹马怎么闯天下？放大你的理想，墨子说，"志不强，智不达"，是说一个人如果理想不够远大，那么他就不能获得与之匹配的智力、能力。

3. 墨镜

人生需要一副墨镜。墨镜，进可看淡人世，退可以隐藏自己。看世间争争吵吵、纷纷扰扰、熙熙攘攘、利来利往。如果没有一颗足够淡然的心。那将被世事裹挟，永无宁日。一副墨镜，再刺眼的东西也会变得暗淡下来。再看不惯的东西也会被中和掉。这就是墨镜的意义。给刺目、灼热的现实世界加了一层隔离罩。人生在世，心里无尘无垢，纯真如初，自然是好事，但是难免会有人加以利用，借机陷害，所以我们必须要适当地隐藏自己的真实想法，以免给人以可乘之机。率真、坦荡自然是好事，只是防人之心不可无。墨镜是一份恰到好处的遮掩，可以让自己远离不少麻烦。

4. 显微镜

人生需要一副显微镜，这样才可以看到细节，做好细节。一个马蹄铁的丢失可以丢掉一场战役，一处蚁穴可以侵蚀掉一座大堤。细节处的马虎，可能导致全盘皆输。小处的不慎，积累起来也足以破坏大局。天下难事必做于易，天下大事必做于细。注重细节，学会较真儿。把平凡的事情做好，就是不平凡，把小事汇聚起来就是大事。量变一定会引起质变，细中见了精，事情也就成了。

5. 哈哈镜

郑板桥说，难得糊涂。人生清醒并不难，难得的是糊涂。糊涂与不明事理的真糊涂截然相反，它是人生大彻大悟之后宁静心态的写照。活得糊涂的人，容易幸福；活得清醒的人，容易烦恼。清醒的人看得太真切，太较真，便烦恼遍地；而糊涂的人，计较得少，却觉得人生的大滋味。太清醒的人注定活得辛苦，总有看不惯的，总有放不下的，苦苦挣扎；糊里糊涂的人，反而潇潇洒洒走一回。当然，该糊涂时则糊涂，该明白时绝不揣着明白装糊涂。

6. 平面镜

看山是山，看水是水。这是一种洞察世事后的返璞归真。人生的经历积累到一定程度，不断地反省，对世事、对自己的追求有了一个清晰的认识，认识到"世事一场大梦，人生几度秋凉"，知道自己追求的是什么，要放弃的是什么。也就不再需要通过望远镜、放大镜、哈哈镜、显微镜、墨镜去看待世界，坦然接受它的原貌，"人本是人，不必刻意去做人；世本是世，无须精心去处世"。明白了这一点，人也就获得了自然与本真，洒脱与宁静。

投资感悟

在股市投资的我们每个人也同样需要这六面镜子！

1. 望远镜

选股时，分析一个股票，我们一定要有一个望远镜，望望它的过去，看看历史上有没有被爆炒过，现在的阶段属不属于我们 "暗无天日"里面讲过的"药渣"的股票，如果属于这种股票，还是远离的好。如果不是，前期还没有被爆炒过，那么我们再找找主力的身影，如果找不到主力的痕迹，先不要急着介入，没有主力的股票怎么涨？散户朋友不会齐心协力地把股票拉上去的，而且即使想拉也没有那么大的力量。如果望到了主力的身影，再看看现在的股价处于什么情况？是不是箭在弦上不得不发的时候，如果是，恭喜你：好运来啦！最后再拿起望远镜，望望它的未来、望望行情的大小，预估一下盈利目标，有句话说得好，"横有多长站有多高"。具体一点说"万丈高楼平地起"的买点，那么你要做好在57 日均线止盈的准备；"天女散花"的买点，你尽可能地把时间和盈利目标放得远和大。人有多大胆，股就会有多大产。

2. 放大镜

放大你的胸怀、放大你的格局，股市里遇到"天女散花"这样的技术形态，在持股上一定要放大自己的格局，股价有时候有一些小的反复一定要容忍，一定要志在高远。

3. 墨镜

在股市要一副墨镜。墨镜，把那些经过反复爆炒过的"药渣"股票过滤掉，不要去看它们，浪费精力去分析研究它们，更不要说买卖它们了。省下来时间和精力用在那些有潜力的诸如"天女散花"之类的股票上去。

4. 显微镜

选好了股票，准备买入了，这个时候，再把我们的显微镜拿出来，把形态从头到尾、从大到小地仔细再审视一遍，从大到小的意思是看看月线是处于什么阶段，再看看周线，然后再从分时去找切入点，60 分钟相对稳定一些，15 分钟相对更加精细一些。

5. 哈哈镜

股市里的不平事太多了：欺诈、蒙骗、内幕交易、信息不对称，甚至连"欣泰电气造假"这样的黑天鹅事件都会发生，我们受点主力资金的暗算太正常了，这时候，我们需要一副股市哈哈镜，难得糊涂。人生清醒并不难，难得的是糊涂。不要看得太真切，太较真，好多事不是我们能怎么怎么样的，躲着就是。

6. 平面镜

看山是山，看水是水。这是一种洞察世事后的返璞归真。炒股的经历积累到一定程度，不断地反省，对股价的运行规律、对主力的认识、对自己的追求有了一个清晰的认识，认识到"世事一场大梦，人生几度秋凉"，知道自己追求的是什么，要放弃的是什么。也就不再需要通过望远镜、放大镜、哈哈镜、显微镜、墨镜去看待世界，坦然接受它的原貌，"人本是人，不必刻意去做人；世本是世，无须精心去处世"。明白了这一点，人也就获得了自然与本真，洒脱与宁静。

买在最低，卖在最高是很多人的梦想。但是不现实！最低和最高这两个价位只有主力知道，而且好多时候是用来做盘的，而不是用来交易的，所以我们的追求只能是买在次低、卖在次高！有很多投资者亏赚都写在脸上，喜形于色，这都是不成熟的表现。没有人会喜欢亏损，但是成熟的投资者都知道，没有人能在整个投资生涯中不遇到亏损。北宋文学家范仲淹在其《岳阳楼记》里说得多好："不以物喜，不以己悲。"唯累过，方得闲；唯苦过，方知甜。唯亏过，才会赚。做投资，一开始，在掌握了一定的方法以后，要大胆地小仓位地多交易，先有量的积累，再去努力提高交易品质。

很多人都吃过"茶叶蛋"，蛋壳破裂最多的，才是最入味的。同样，人生经历愈丰富，挫折愈多，愈有味道。困难可以帮助一个人成长，而之后的快乐自在是你想象不到的。有人看到一只蝴蝶挣扎着想从蛹里脱离出来，他出于好奇帮蝴蝶剪开了蛹。但没想到蝴蝶出来以后，翅膀却张不开，最后死了。挣扎的过程正是蝴蝶需要的成长过程，你让它当时舒服了，可是未来它却没有力量去面对生命中更多的挑战。如果你希望能化身成蝴蝶，那你就得忍受在蛹里挣扎痛苦的过程，这样才能展翅高飞。不管你相不相信，这世界上最富有的人，是跌倒最多的人。这世界上最勇敢的人，是每次跌倒都能站起来的人。而这世界上最成功的人，是那些每次跌倒，不单单能站起来，还能够坚持走下去的人。不要怕、不要悔，展开双臂去迎接风霜雨雪的洗礼，练就一颗忍耐、豁达、睿智的心，幸福才会到来。

投资哲理小幽默

股　神

　　某江湖郎中有祖传良方，号称包生男孩。一服见效，售价两千，生下男孩才付钱，不灵不要钱。于是生女孩的因没付钱也不找他了，生下男孩的高高兴兴送钱去。他药成本不过几块，按概率有一半生意能赚到。居然平安无事骗很多年，还挣了一屋锦旗。

　　仔细想来，股市里很多"股神"都是这路子……

投资感悟

　　在股票市场上，具备卓越的投资眼光，创造财富神话，被社会所广泛认同其才华的人，称之为股神。最早成就股神称号的是美国投资家巴菲特、索罗斯等。

　　但是我们日常生活中有很多"股神"，究竟是不是真的？我们来揭秘一下这些造神骗术：

　　手法一：伪造推荐后马上就拉到涨停板的聊天记录。凡是进了推荐股票群的股民，都会发现其宣传上出现天天涨停板股票推荐。这里有什么奥妙呢？

　　几乎很多股票推荐群，都是通过修改电脑的时间来作弊。这点在QQ群上非常有用，这点也是他们骗人入群，即所谓一推荐就涨停的证据"聊天记录"。这样一来，他们就可以肆无忌惮地在QQ群信息发送时间上作弊了，有了这一前提，他们所发的信息就能做到"一推荐后马上就拉到涨停"的假象。大家可不要太小看了这个细节哦。只要把电脑的时间向后一改，当天全国股市里的涨停板股票，都成了他推荐的了。一个"股神"就这样被编造出来了。他们一般把电脑时间设置向前，假如一个股票 10：30 拉涨停的，他发过来的聊天记录时间则显示到 10：00 左右，让我们信以为真地以为群主 30 分钟前发布过消息，懊恼自己没加进群里。这也是他骗人入会的有力证据。即所谓的"聊天记录"。

手法二：利用散户推高自己的股票给自己接盘。利用 QQ 群免费为他人推荐股票，很多人似乎对于免费很感兴趣，但这世界上哪有那么多好事，别以为他们都是活雷锋。你相信了很多时候就成为了别人手中的一个小乐手，听人家的指挥。我们从理论上做个推算：如果某人建了 3 个 QQ 群，用不了多少时间也花不了多少金钱，只要运作得好，就可以控制 600 个会员，如直接信任的人为 200，再假设每一个人的资金额是 10 万，那就意味着这个群主可以间接控制 2000 万的资金量。这样的资源可不小啊。一个群主只要通过几个 QQ 群的反复炒作就能赚很多钱的，他事先选择好股票，然后让一个群的买，再让一个群的拉，再让一个群的继续买，拉高了自己就跑。到最后有部分人有获利，但不多，有些即使亏了也没有亏很多，等下次就反过来做。一般群里人就是损失手续费有时候能赢有时候能亏，但他却能从中赚取大钱。上面那种做法还算是好的，有些家伙干脆就直接让群用户来接盘，大不了以后再换 QQ 号就行了，反正 QQ 号又不是什么值钱的东西。

手法三：专门选择 9：25 以后推荐股票。很多推荐股票的群都选择 9：25 以后推荐股票。其中的秘密就是按开盘竞价来选择推荐强势股，有涨得多的甚至有接近涨停的。那种方法大多你都没有机会买到，因为这样的股票一般开盘就涨停或者直奔涨停，你稍一犹豫就错过了，而大多又都是主力控盘，所以就是你想多买也买不到的。假如他当天推荐的股票真的迅速涨停，他就会不停地吹捧自己多么的神机妙算，同时他还会不停地宣传只要加入他建立的收费群就可以天天捉到涨停股，这对一些刚进入市场的新手，有很大的诱惑，很多投资者验证经他们推荐 10 只里有 6 只都是拉高后一会儿就回落，而且可能回落很多。告诉你 2 毛时已经拉升，直拉了，拉到 8 毛，可是尾盘经常回落，可能收在 4 毛左右，一般拉升前的那几毛你是入不了的，没时间，来不及，可能在 4~8 毛时追进去，可是收在 4 毛以下时，你是不是要哭了？你提前叫他给，他就说技术部正在分析。他们说在根据竞价分析呢。因为刚进市场的新手不懂得技术，同样也不会分析，买和卖都是别人说了算，自己赚钱了也不知道自己为什么赚了，亏了也不知道自己为什么会亏，这样的盲目操作，自己的技术永远都得不到进步，永远都只能做一个新手。

手法四：注册很多QQ，分开推荐股票（这种手法同样出现在手机信息、电话、论坛里），这是推荐股票群最常用的办法，因为有无穷的QQ马甲可以用，所以推荐股票的群，一般都有10个甚至更多的QQ马甲。每个QQ马甲推荐1~2只股票，一天下来，总有几只是正确的。至于推荐失败了，实在不行，就干脆不要这个QQ了，推荐正确的再推荐，运气好的话，整2~3次正确，你就当他是股神了。还有把别的人做得好的实战纪录收集好当自己的到处炫耀，其实股市里面靠一次两次赢利说明不了什么，股市一个大浪可以把全面的套死去。唯一可以衡量的是长期的抗风险能力是否强，很多QQ群里面的股票天天涨，从没有套的。比巴菲特还厉害的收益，忽悠新股民。①

股市里，为什么有人去信股票推荐？因为，中国很多股民有一个特色，他们炒股的目的并不仅仅是为了投资，里面甚至有很大的休闲娱乐成分，这些股民不懂技术指标，也没有分析能力，又想迅速发财致富，最需要有人明确告诉他们"买什么可以赚，花多少钱买合算……"所以，骗子就投其所好、应运而生了，以后再遇到下面的情况，请你务必擦亮眼睛：

（1）如果有拉客户的人向你保证月保底收益30%，说明他比猪还蠢，但如果你相信了，那说明你比他更蠢！（因为他完全可以借高利贷去炒股，全中国有哪个高利贷月息高过30%?）

（2）如果有拉客户的人跟你说他们是"机构""私募"，说明他比驴还笨，但如果你相信了，那说明你比他更笨！（机构、私募带散户一起赚钱，那他们赚谁的钱?）

（3）如果有卖炒股软件的跟你说，他的软件准确率达到95%，能够精准地发出抄底逃顶信号，一套售价是一万八千元，如果你信以为真的话，那说明你很天真！（如果股市靠一套炒股软件就可以有95%胜算，那一套售价一亿八千万元也会有人买，他何必还要推销给你这种小散户呢?）

（4）如果有人跟你说他当天尾盘建仓了某只股票，并且说明天开盘会大幅度拉升，叫你验证。结果第二天他说的那只股票真的大幅拉升了，但当天会大幅度回落。如果你真的以为他很神，那只能说明你很天真！全世界的人都知道会拉

---

① 优米. QQ群炒股诈骗手法全揭露，谨防上当 ［EB/OL］. https://www.douban.com/note/183061498/.

升，就你一个人不知道！（因为那样的私募票第二天拉升就是等你去追高抬轿，他们可以高位出货！）

（5）如果有人用了大量的交易截图来让你验证他的炒股实力，其中大部分是当天涨停或者涨幅很大的个股。如果你信以为真的话，那说明你很无知！（因为制作交易截图的软件网上叫价是30元一套！你想制作交易金额一个亿的都行！而且截图上还能打上你的个人标志！）

（6）如果有人做广告，让你加他的股票群，进群的条件是"手机号码+贵姓"。如果你想都不用想就给了他。那不久之后你肯定就要换手机号码。（因为他是骗取你的个人资料去卖，会有"客服"不断打电话或者飞信请求，诱骗你"入会"！特别是"贵姓"，他们会准确称呼你是"某先生""某小姐"！这个跟"看到哪个女孩子漂亮就说是他情人"同理。

（7）如果有人建群后试图向你卖所谓的内幕消息，说你如果相信或买了他的内幕消息肯定能赚，说明他比驴还蠢，但如果你相信了，那说明你比他还蠢！（因为他完全可以用自己的所谓内幕消息去炒股，何必来挣你那点小钱，全中国又有哪个散户靠卖内幕消息挣钱的？）

（8）如果有人通过QQ或其他方式要求与你合作，说合作方式是他们告诉你股票和买卖点，你自己操作买进和卖出，成交后发给他们成交的截图。赚钱后纯利润五五分成，之前不收任何费用。如你同意和他们合作，那么世界上比你蠢的人可能没多少了。这些骗子会将N只股告诉N个人，其中只要有1只上涨，他们肯定赚，不用承担任何损失。而那N-1个人的损失只能由自己来承担了。也就是说，他肯定能赚，而你赚钱的机会不一定比你随机买入一只股的概率大。这样的事，只有傻子才会去做。

（9）如果有人收盘后推荐某个股次日涨停或大涨你信了证明你比猪笨，因为官方证券网收盘后会公布有的个股重大利好，猪都知道次日大涨，甚至开盘一字板。

（10）如果用真实视频打开告诉你他哪个股赚钱，吃几个涨停赚多少钱，或哪个股中线赚多少，或者资金多大，你就轻易相信他是高手，那你就比弱智还更蠢，一个稍微有点看盘能力的带客户老师如果有7个账户，每个账户买卖3个股，21次个股机会把握自选股的其中一个涨停给你看，一点不稀奇。就是傻子散户也是经常看到哪个关注的个股后悔没买结果涨停。

⑪骗子忽悠仨俩，每天推荐几只涨势很凶的个股，几天下来推荐 10 多只个股，总有几个会继续大涨，但能否刚好实盘重仓买准涨得好的那个股或是否过早卖出，或没有及时锁定利润变成亏损都是股市中再正常不过的事。

总结：真正的股市高手是用自己的账户在大盘涨、跌、盘整 3 个阶段时操作 N 只中线个股（操作个股越多，越证明不是运气）累计总收益，总胜算概率的完整详细几个月交割单（时间越长越能证明），或是在网络提前公开看盘和操作，才是真实的水平。如果不敢，还喜欢频繁打半截交割单来炫耀的人不但实力不行，人品更是有问题。比骗子更虚伪！

股市谚语：机会是跌出来的，危险是涨出来的。

十三、"敬酒不吃"

"敬酒不吃吃罚酒"是一句中国谚语，比喻不识抬举、不知好歹。出处是京剧《红灯记·赴宴斗鸠山》："鸠山（威胁地）：老朋友，要是敬酒不吃吃罚酒的话，可别怪我不懂得交情！"我们把它引用到股市里是这么个意思：就是指股价在经过漫长的"暗无天日"以后，具备了主力的收集条件，主力开始收集，到了收集末期，也就吃饱喝足了，然后开始洗盘，把和主力一起收集筹码的那部分人洗出局，可是这些人是死活不出局，主力软硬兼施，这部分筹码就是不就范，无奈之下，主力只好突破前高，也就是给这部分人一个获利的机会，让这部分人获小利出局算了，换句话说也就是敬一杯酒。可是呢，这部分人中间还是有些人不识敬，获利也好、解套也罢就是不出局，这时候主力恼羞成怒，再来几根恶狠狠的阴线，把股价深深地打下去，让这部分筹码后悔不已，不赢反亏，有的就耐不住性子在坑里交出了筹码，等于是敬酒不吃结果吃了罚酒。

案例 1：石化机械（000852）

该股在 2016 年 1 月 8 日开始，就进入了一个 12 元上下速度不到一元的窄幅横盘整理中，在一直整理了一年零四个月左右以后，到 2017 年 5 月 10 日这天，股价放量突破前高，把这一年多被套的人全部解套，进场的人全部获利，主力大大方方地端起酒杯，满上一杯香气四溢的高度白酒，来，走一个……就是不知道走的哪一个？主力给他们敬了。第二天股价跌停了，昨天吃了敬酒的人，开心了，第三天股价低开高走，"桃李之馈"的技术形态又出现了，可遗憾的是，被昨天跌停吓怕的人怕是在这里把自己的筹码当作礼物送给了主力，走在了本该来的地方！而主力谢也不谢地拿过筹码一个"势如破竹"扬长而去（见图2-64、图2-65）。

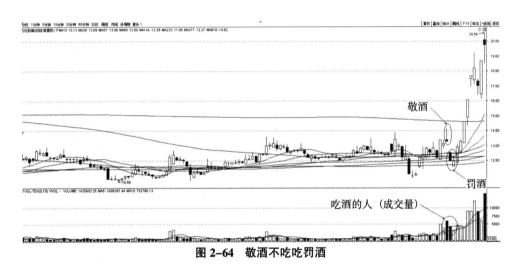

图 2-64　敬酒不吃吃罚酒

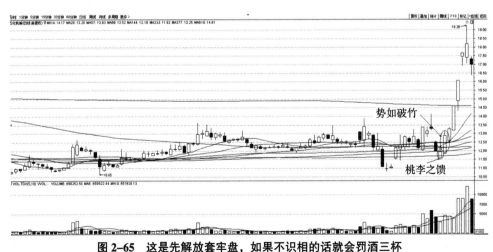

图 2-65　这是先解放套牢盘，如果不识相的话就会罚酒三杯

这波行情的拉升技术层面经分析是有理有据的，也就是"敬酒不吃吃罚酒"的操盘手法；基本面上也是师出有名的。当时据"新华社"消息，我国实现全球首次成功试开采可燃冰，预计在2030年前进行可燃冰商业化。天然气水合物储量巨大，仅我国海域预测远景资源量就达到800亿吨油当量，世界资源量约为2100万亿立方，可供人类使用1000年。我国在可燃冰研究之初就确立了这一未来发展前景更为广阔的类型。中国也向全球宣布：中国首次可燃冰试采在产气时长和产量两个领域创造了新的世界纪录，试采获得空前的成功。有这么一个利好，作为石油燃气可燃冰开采概念板块的石化机械，也就毫不客气地把股价从11.60元拉到了21.00元，近乎翻番（见图2-66）。

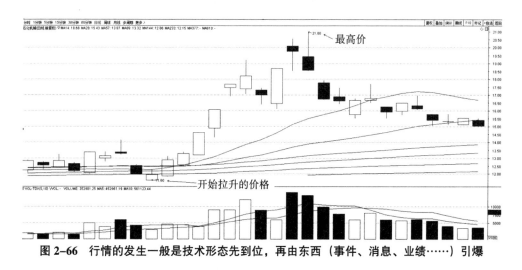

图2-66　行情的发生一般是技术形态先到位，再由东西（事件、消息、业绩……）引爆

而且在这个案例中，还有一个耐人寻味的细节，就是2017年5月10日主力一举解放一年多来横盘创下的新高，就是给大家伙敬的这杯酒举的高度（当日股价的最高价是14.14元，谐音"要死要死"），很有点意思！鸿门宴吗？不出局就如何如何吗？巧合吗？不得而知，反正是耐人寻味！（见图2-67）

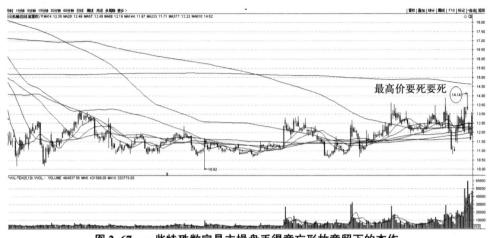

图 2-67　一些特殊数字是主操盘手得意忘形故意留下的杰作

案例2：天山股份（000877）

该股在2016年1月，就进入到一个7元左右上下基本波动在一元左右的横盘整理中。就这样窄幅整理了一年多，到2017年1月24日，股价放量上冲一举突破所有高点，主力敬酒了，但在377日均线处受阻回调，然后又出现几个恶狠狠的阴线，好像大势已去般要大跌似的，但股价不但没有大跌反而慢慢向上，这个时候春节休市了，也没有大的动作，但是可以看得出准备工作做得很充分。

2017年2月7日，新春开年的第三个交易日，天山高开高走，收盘封涨停，开启了一波龙头行情（见图2-68）。

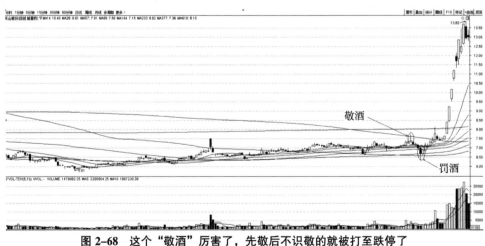

图 2-68　这个"敬酒"厉害了，先敬后不识敬的就被打至跌停了

看着这个波澜壮阔的行情，我们再来回顾一下天山股份有关的基本面、消息面。

2016年11月就有这么一则新闻，中国—瓜达尔港正式开航！这是一个里程碑式的大事，中国苦于马六甲海峡的钳制久矣！中国的能源特别是石油，主要来自于中东，而原油从中东运到中国必须穿过马六甲海峡。目前世界石油的60%、中国大陆80%进口石油，要经过新加坡的马六甲海峡。也就是说，马六甲海峡直接扼住了中国经济发展的能源大动脉与咽喉。

瓜达尔港处于波斯湾的咽喉附近，距离霍尔木兹海峡非常近，与波斯湾近在咫尺，是一个可以停靠8万~10万吨油轮的深水港。通过这一港口，中国船只与商品能够更快到达中东及波斯湾地区，可以为中国的能源运输提供新的可能。有了瓜达尔港，中国通往中东这个能源根据地的运输航线，可完全不绕道马六甲海峡，直接从瓜达尔港上岸通过管道或高铁，进入喀什。建设从瓜达尔港管道延伸到伊朗的管道，就可以让中东到中国的油气，全程管道运输，无需油轮。这相当于给中国平添了一个大动脉，而且这条大动脉可以绕过海盗猖獗的马六甲海峡，以及局势不稳的南海、东海和黄海水域，中国的能源安全与稳定将进一步得到加强！

有了瓜达尔港，中国的西部地区，将出现一个从物流到人流乃至资金流的集散地，"一带一路"倡议出现了点的突破，进而汇聚能量形成滚滚洪流。中巴经济走廊使喀什成为中国内陆与中亚、中东、欧洲、非洲的交通要道以后，将使喀什成为中国西部的世界级的物流中心、金融中心、贸易中心，形成以喀什为中心的中心城市圈。

当时正在反复炒作的主线是"一带一路"，"一带一路"的核心就是新疆板块，而新疆板块的龙头就是天山股份，正是这看似一个不起眼的、说有关就有关、说无关就无关的新闻，引爆了新疆、水泥两大板块爆发。而"天山股份"是处于新疆的水泥板块。而且当时天山股份自己的基本面也有业绩扭亏为盈加国企改革两大利好。所以接下来的龙头行情很是理所当然。

案例3：泰禾集团（000732）

该股在2016年底，就进入了17元左右的横盘整理期，一直整理到2017年的9月，该股就一直在一个上下一块钱左右的幅度里昏昏欲睡。2017年9月19

日，主力给这段时间混进去的投资者敬酒了，股价最高冲到了 19.84 元，近一年当中任何时间买进的人都已经获利了，从成交量上看，有一部分人还是挺识敬，见好就收获利出局了。但是还有一些顽固分子没有出局，没有出局的人，接下来就吃到了主力的罚酒，又遭到了主力资金近三个月的低位横盘折磨。从成交量上来看，还是有不少人在这里被吃了罚酒，因为好多人在这里成交了，当这些人醉倒了以后，主力资金就接过醉倒的筹码，马不停蹄地一口气把股价从 17.18（要起要发）元拉到了 43.69 元。17 个交易日，涨幅 147.08%（见图 2-69）。

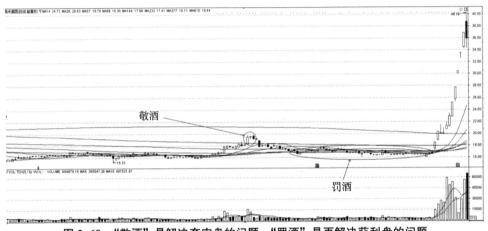

图 2-69　"敬酒"是解决套牢盘的问题；"罚酒"是再解决获利盘的问题

　　我们了解了主力的这个操盘手法以后，再结合我们以往的技术形态，分析这只股票，这个就是我们所说的细节上做了处理，罚酒的时间稍长些，一般都是两三天、两三根阴线就解决问题，也就两三杯酒的量，可是这个却来了漫长的三个月左右，但是万变不离其宗，换汤不换药，主力的意思一点没有改变，市场意义还是这么个意义、手法还是这个手法。起涨的点位虽然比较凶悍，但是我们也相当的眼熟，有心的读者一定熟悉这个套路，就是我们第一本书里所讲过的"鱼跃龙门"。"鱼跃龙门"这天是 2017 年 12 月 25 日，在近似黏合的 57 日均线、89 日均线、144 日均线、233 日均线上一跃而起的。从一根线上"鱼跃龙门"就很厉害，这从四个线上一起跳起，威力可想而知。所以对后面的 17 个交易日、涨幅 147.08% 的彪悍，也就不意外了（见图 2-70）。

鱼跃龙门

图 2-70　把套牢盘、获利盘解决后就是拉升的问题了

案例 4：雷鸣科化（600985）

这个雷鸣科化，罚酒罚得厉害了，2017 年 12 月 20 日，横盘多日的雷鸣科化一字板开盘，但盘中并没有封死，主力给大家伙敬酒了，但是这酒敬得不敞亮、不豪爽。第二天又虚情假意、腻腻歪歪地继续敬酒，股价又创新高，又往回打的，弄得我们是喝也不是不喝也不是，不知道究竟是出局好还是持仓好？12 月 22 日，皮笑肉不笑的主力开始罚酒，跳空低开，然后把股价慢慢阴跌的跌停板收盘。恰好是周末，难道主力的意思是让我们周末在家好好醒醒酒？12 月 25 日，周一一开盘，主力还是不依不饶地罚酒，而且不容你商量，收盘还是以跌停报收，从下面的成交量来看，这酒罚得是喝倒一片，而且很多都醉得爬不起来了，12 月 26 日，开盘又是一个低开，然后一路高走，收盘走出"桃李之馈"的技术形态，虽然礼品挺丰厚，但醉倒在地的人还是不省人事、头昏脑涨，大多数都没有心情来接主力送的大礼，有甚者还继续含混不清、不明就里地给主力送筹码呢！那主力肯定是来者不拒啊，12 月 27 日，主力兴奋得是手舞足蹈，一不小心把股价推上涨停，然后还不封死涨停，让该出局的出局，该进场的进场，在接下来的 29 个交易日中，把股价从 10.59 元拉到了 18.14 元，涨幅 61.67%（见图 2-71）。

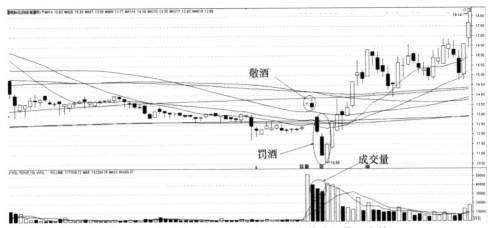

图 2-71 看看这个成交量，被"罚酒"的人还是不少的

投资哲理小故事

仙人指路

相传很早以前，有一位两岁能文、四岁会武的神童，只因后来科场失意，擂台负伤，改行经商后又把老本蚀光，在走投无路时就奔赴黄山来寻师访仙。哪知跑遍了千峰万壑，连一个药农、樵夫的踪影也没见到。干粮吃光了就吞野果，衣服穿烂了就披树皮、树叶。渐渐地变得骨瘦如柴，一天终于昏倒路旁，奄奄一息。

不知过了多久，来了一位身背篾篓，脚着山袜芒鞋的老人，把神童救醒过来，问明情况后，老人哈哈一笑说："你怎么聪明反被聪明误呢？哪里有什么神仙，你快回家去找个力气活干干，免得把一条命丢在这荒山野岭白白喂了豺狼虎豹。"说完还送些野果给神童路上吃。神童心想老人的话是对的，就千恩万谢地辞别了老人。

没走多远，猛一下醒悟过来："我跑遍全山连个人影也没见过，那老汉分明就是仙人。"他回头就追，追上老人后就双膝跪地，苦苦哀求老人给指引一条成仙得道之路。老人说："我哪里是什么神仙。实不相瞒，我前半生被名利二字害得家破人亡，这才看破红尘，隐匿在此。"神童半信半疑，但见老汉风度不凡，气宇若仙，决心拜老人为师，苦苦哀求不止。谁知等他抬头再看时，这老人却变成了一块高大魁伟的"仙人指路"石。神童又在石头前百拜千叩，忽然石头人肚里发出声音："踏遍黄山没见仙，只怪名利藏心间，劝君改走勤奋路，包你余生赛神仙。"

神童最终还是听信了仙人的话，后半生不但成家立业，而且日子过得很红火。难怪清人曹来复以诗记之："世事多乖错，投足皆模糊。请君（仙人指路石）出山去，到处指迷途。"在人胜亭北行一公里的石板桥仰视，仙人指路石的形状又变成了喜鹊，旁有一棵青松，状若古梅，松石相配成景，人称"喜鹊登梅"。

投资感悟

酒，自古就是好东西，宋太祖赵匡胤杯酒释兵权，让功高震主的武将解甲归田，给大宋的太平盛世创造了条件；好汉武松，醉打蒋门神，替施恩报仇，夺回了快活林；共和国将军许世友酒醉点将上战场，选出猛将保卫国家，所以说，这酒是英雄的最爱……实战中遇到主力敬酒的时候，不但要喝，而且要豪爽地喝，不但敬酒要豪爽地喝，罚酒更是要适量不慌不忙地喝，把主力喝醉，而且让他喝醉了也不扶墙，就扶（服）您！当然了，能够做到敬酒也吃、罚酒也饮（高抛低吸）的朋友最为理智，心里最为明白这些套路。主力是拿你没有办法的，接下来的好事（拉升）只好让你参加。

酒桌上，除了礼节性以外的热心给你敬酒的人无外乎两个意思：和你套近乎、想让你出洋相。股市里，主力给我们敬酒时，我要拿捏好几个要点：一是一定要创新高。就像满桌子的人，一个人要敬酒必须站起来，高度一定要突破近阶段所有高点。二是要不封涨停，即使涨停了也封不死。就像敬酒的人一样，目的只想让你喝而他自己不喝，即使喝也是象征性地维护礼节、面子喝点（股市里就是为了护盘），如果是他自己喝的话，别人想喝也喝不到（封死涨停板，别人怎么买）。三是罚酒的时候出手很重的话，就是想让你快点喝醉，后面他肯定有不想让你参加的重要活动。接下来的下跌阴线幅度和量很大的话，很多时候就是跌而不停的情况，就预示着后面的拉升很紧急，因为利好可能是有时效性的，就比如案例中的石化机械、天山股份；如果后面的跌幅并不大，但是时间长，拿时间换空间采取横盘磨磨叽叽，那就说明暂时可能还不想拉升，只是想让你喝醉而交出筹码而已，有的是时间陪你玩。就比如案例中的泰禾集团。

做股票时不要老是去看账户，看得自己心烦意乱，只要按照点位进出，进场的形态有了就进去，出局的形态出现了就卖出。没有进场形态坚决不进场，进场后没有出场形态打死不出局，一定要有耐心。不要只盯住盈亏，要只盯住买卖点位，盈利就变成自然的事情了。一定要改变自己的散户心态，我们买理财产品，年化收益在5%左右；炒股却没有收益目标，整天追涨杀跌，幻想天天吃涨停；一定不要指望靠一只牛股大赚特赚，一般人即使有幸买了，也不一定能全程赚到；能做的，就是把握普通股票的合适买入点，合适卖出点，集腋成裘。买的时候生怕买不到，觉得不买就会错过涨停，一旦买了不涨，就怕跌停，整天患得患失；炒股就是跟人性的弱点做斗争，等心态平和了，方法得当了，赚钱只是水到渠成的事。

知道了"敬酒不吃"这个技术形态后，我们以后就君子之交淡如水，清茶一杯也醉人。不到我们出场的时候就静静地喝茶。就比如这几个案例中的横盘时，那是主力进货的时候，由于主力资金大所以时间长的离拉升遥遥无期，我们急着进去干什么？到一定时候主力会敬酒的啊，就比如股票拉升前的异动，我们及时做出应对就是了。该我们进场时我们不亢不卑地喝几杯从容不迫地进入。我们可以有酒量，但不可有酒瘾。"美酒饮到微醉止，好花看在半开时"，股票一定要卖在故事的高潮处、技术上的疯狂拉升时！

当然，资金小的时候，不能敬酒罚酒一起喝的时候，要学会调动资金才是王道。敬酒不喝（不追高买入），罚酒少喝（低打时少买），接下来主力在做最重要的事情（放量拉升）的时候放开喝（满仓）。

股市谚语：先战胜自己，再战胜庄家。

第三章 完善自己的交易系统

凡是做过几年股票的投资者，几乎无一例外地都有着自己的实战交易系统，不管是买和卖都是按照自己的交易系统给出的交易信号进行操作的。交易系统是指在交易市场中能实现稳定赢利的一套规则。在笔者的《股市脸谱一》里，笔者只是粗浅地谈到了建立自己的交易系统包含的三个基本要素：理念、心态和方法。这只是交易系统的一个大的框架。里面还有很多的细节需要完善。

这一章我们就来说说怎么完善自己的交易系统。评判一套交易系统是否完善，至少应包含以下几方面：有明确的交易信号；科学地管理资金；有效地控制风险；简单可操作；能够重复使用并获利；适合自己。

关于明确的交易信号，我们的交易系统里面既全面又明确，简单可辨。《股市脸谱一》《股市脸谱二》《股市脸谱三》一共讲解了78个明确的买卖信号，其中的均线走势既能帮助大家认识股价的运行规律，又能给个股定位，任何一只股票，通过我们的均线定位系统，都能清楚地知道股价是处于筑底、见底、拉升、主升浪、盘头、下跌的任何阶段。在这不同的阶段里再结合我们的K线形态，就能准确地判断出主力的意图：是要猛烈攻击，是要慢慢拉，是要洗盘，还是要阶段性减点仓等，通过一根根K线我们琢磨透主力的意图后就能及时判断出主力动向而做出轻仓试探、重仓出击、加仓、减仓、清仓等相应的操作。从这两方面的辩证关系层面讲，主力意图既要服从于股价运行规律，又有其有钱任性的个性一面。举个例子，比如股价运行到"战斗打响"这个均线技术形态，按照股价运行规律股价要上涨了，可是这个时候股价不涨怎么办？这个时候要尊重主力意图，因为或许基本面某些东西还没有配合好，需要再等等，或者主力的拉升资金不到位等种种不被我们知道的原因，从规律的方面来讲，主力按照股价的运行规律行事，事半功倍。也就是说，均线系统到了"战斗打响"的时候，主力趁势把战斗打响，这个时候做行情省力省事省资金，但是每只个股有它的特殊情况，这个时候它的自身情况不适合拉升，那么只能再等等。但是如果主力不按照规律出牌，那么我们一定要无条件尊重主力财大气粗的个性。他是一只股票的老大，他说怎么办就怎么办，费力费钱他都不怕我们怕什么！所以实战中我们一定要理清这两者的辩证关系。

说到科学的资金管理，每一次操作都离不开合理科学的资金布局。当股价刚刚见底、主力开始建仓的时候，我们一般不要急着建仓，因为主力资金大，建仓是个漫长的过程，而且建完仓以后还要洗盘，我们跟随主力建仓听起来是不错，实际上不太妥，特别是你资金再稍微大点，一进去就会被主力发现，被发现后这里原本是底而因为你的资金进入就不是底了，再一个就是即使不被主力发现时间成本也太大。我们应该提高资金的使用效率，而不是让它趴在漫漫的底部等待遥远的拉升。这里说的资金的大小是相对而言，相对你操作的个股而言的。假如你账户有 5000 万元资金，如果你操作一个流通盘很小的中小板股票，这个时候你的资金就太大了，进出就会太明显。很多这样的小盘股一天的成交额也就一两亿元甚至还少。同样还是这个 5000 万元的账户你去操作中国工商银行、中国平安、中国石油等这样的大盘股，你完全可以一单走，这点儿资金对于主力来说不压秤星，是属于忽略不计的资金。这一点我们一定要知道。在我们选好一只股票要操作的时候，我们一定要在形态初期先轻仓操作几次摸摸主力的个性，一定不要一开始就满仓进入，特别是我们现在的"T+1"制度，一般的投资者都是上午一开盘就急吼吼地满仓杀入一个股票，一开始买入的确是上涨了，可是一会儿就回来，到下午一个劲下跌的时候你只能眼睁睁地看着它下跌毫无办法，这就等于你自己给自己找个墙角把自己死死地顶在那里动弹不得！正确的做法是，初次建仓最好选在下午两点半以后，这个时候大盘已趋稳定，涨跌已见分晓，即使还有风险，从交易时间上来说也只有 1/4 的风险了，相对而言小得多了，这个时候我们如果是买阴线只买入 1/10 的仓位即可，第二天如果不止跌再低位买入 1/10 仓位，等一个相对高点时把昨天的仓位卖掉，如果止跌就再加 1/10 的仓位，等收盘时走势稳定良好再加仓；如果是买阳线仓位可适当大些但也不要超过半仓，留下半仓第二天做"T+0"滚动操作。这样的话我们就把"T+1"这个不利于操作的规则给变通了。而且完美地操作一只股票的一个波段，一开始一定要这样循序渐进地把利润打出来以后再逐步加大仓位，根据主力的每一根 K 线该加仓加仓该减仓减仓，做好一个完美的波段在股价"走向深渊"了再彻底清仓。

在这个资金布局灵活的规避"T+1"的同时，也有效地控制了风险。我们在买阴线的时候，如果没有买到最后一根阴线，这个时候我们的仓位很轻，接下来资金还很充足，由于仓位轻资金足在不增加仓位的同时做 T+0 会比满仓要得心应手得多，而且即使退一万步，止损也不伤筋动骨。操作一个完美的波段指只在股价站上 14 日均线后操作，在股价"走向深渊"以后，股价在 14 日均线下面运行的时候我们原则上就不展开操作。这个时候风险几乎没有。

我们的这一整套操作系统可以说是简单可以重复，这只股票操作完了，再切入下一只，形态基本上还是这些均线 K 线形态来回重复。但是这里面的关键是不知道读者能否做到"知行合一"这四个字，是接触交易以来已经听烂了的四个字。其实据笔者观察，99.99%的投资者谈到"知行合一"：重心却是在"行"，似乎大家都很"知"，只是"行"不够而已。"我其实认为该涨可是没买，执行力不够；我是想拿住的，可还是跑了，心态不好。"这一类的话，根本上不证明你"知"，与你的"行"无关。如同买六合彩，32 个数字你可能都想到了，最后选了几个没中，只是因为无"知"，而非不"行"。交易中买和卖而已，进场和观望而已，持有和离场而已，都是二选一，把 1 和 2 都想到不是"知"，否则 3 岁小孩都会做股票交易了。可悲的是，见过太多人，拿着这些例子，觉得自己"知"！其实无"知"不可怕，可怕的是明明无"知"，偏偏以为自己"知"！世界上的事，要做成，要做好，大抵都需要"知"和"行"。确实有的事知易行难，比如大家知道吸烟有害健康，但是就是戒不掉（从这一点说明执行力比较糟糕）。也有很多事知难行易，比如很多定理定律，要发现它很难很难，可是当你知道以后，照着套拿来用就行，就很容易。在这一套书里我们已经把股价的运行规律清清楚楚地用形态明示出来，主力意图用 K 线形态清清楚楚地明示出来，你只用认识理解并照做就好。很多人说，一根均线就可以赚钱，笔者有一个朋友，就是拿 14 日均线做交易，线下持币，线上持股，做得也挺好。可是为什么没几个人能够这样用呢？原因就在：越简单，越容易"知"的交易方法，越难"执行"，需要你有极大的耐心和定力。

巴菲特有句名言"别人贪婪时我恐惧，别人恐惧时我贪婪"。既然是巴老说的，似乎自然是金玉良言了。其实，股神这句话，我认为基本上是一句无比正确但是又没用的废话，因为基本上没有可执行性，除了极少极端情况，但是在绝大多数情况下，我们如何界定又如何执行呢？在交易时、持仓时甚至没有持仓，贪婪和恐惧都在互相交织，交替出现在我们的脑海。拿着吧，继续跌，这是贪婪惹的祸；走了吧，又再涨，这是恐惧惹的祸。如果是说巴老这句话，从笔者个人认知来说只是正确的废话，那么从这句话所延续下来的"克服贪婪和恐惧"，我就认为是一句从巴老的话中断章取义的谬论。事实上，我个人认为做股票交易，不仅不该克服贪婪与恐惧，恰恰相反，应该时刻贪婪，时刻恐惧！先说贪婪，来做投资的人，谁不期望得到增值回报？尽管从个体上，有的人奢望超额回报，有的人期待稳健回报，但是说到底，都是要赚钱！不然存银行就是了，还做什么股票交易？操着卖白粉的心顶着卖白粉的风险去获得卖白菜的收益，合理吗？所以，在正确无误地介入一只股票的时候，如果行情没有走完，我们就应该贪婪地把行情做完，不要人家涨了100%，我们就赚了10%就念着"不贪"的口诀出局了，还美其名曰："别人贪婪时我恐惧，别人恐惧时我贪婪。"这是不对的。再说恐惧，不管这只个股我们怎么分析、有多好、目标价位要翻几番，实战中只要一有出局形态出现，我们就应该恐惧，不管真假我们都要先出局，如果确定是假的再进去。有很多时候，一个涨停板后，巨量滞涨。我们就应该出局了，但是基于前期的分析或是这样那样的理由，我们总是幻想美好的前程，但是结局大多是退回利润不说，很多时候还会由盈利变成亏损。所以实战中我们一定要把握好股价的节奏，踏准节拍。慢牛就持股不动，主力做波段我们就波段操作对待。

很多人都知道交易系统这个概念，也常常把交易系统挂在嘴边，但事实上能够正确认识交易系统、了解交易系统的组成部分和正确操作交易系统的投资者并不多，而且相当一部分投资者对交易系统存在着各种各样的误解。对交易系统全面的、正确的认识应该是这样的：交易系统是一套完整的交易规则，就像是军队作战时下达的进攻、撤退的命令一般不可违抗，实战中不管盈利、亏损都照做，如果结束后是亏损的那就找出原因更新我们的交易系统。这一交易规则是客观的、唯一的、量化的，它严格规定了投资的各个环节，要求投资者完全按照其规则进行操作。其组成部分包括：股价经过漫长的"暗无天日"以后进入了"拉开序幕"阶段，开始进入我们的股票池，然后严格按照主力给出的 K 线形态进行操作，一路高抛低吸，直到股价经过"天女散花"的主升浪后走出"走向深渊"。当然了，形态失败的时候必须止损而不是死扛。

有很多投资者认为交易系统是一个预测系统。交易系统的重要组成部分是给出买入和卖出的信号，每一个买入卖出信号必然对应的是对未来行情的研判。一个买入信号意味着交易系统发现行情的走势符合一个既定的特征，这个既定的特征代表调整已经结束或者价格发生了原则性的突破，从熊转变为牛。因而，交易系统认为可以买入，但这一信号并不意味着行情将有100%的可能性发生转变，有时候信号也会出错，甚至出错的可能性在某一时间段还会很高。如果投资者按照这一信号大举买入，重仓甚至满仓操作，其风险将不能得到控制，很可能使投资者损失惨重。其实，分析预测功能只是交易系统的一部分，但并不是全部，我们实战中从来不去预测股价涨到哪里、跌到哪里，我们严格根据形态走。预测只是预测一下股价到哪里会有压力和支撑，根据形态出现的位置和量能去研判一下行情的大小。

我们的交易系统和钓鱼有异曲同工之处，如果你是用渔网来捕鱼，这个渔网就是我们的交易系统，一开始，我们把网眼编织得大一些，捕一些大一点的鱼，当然了这个时候会有很多漏网之鱼。等这个渔网用得顺手之后，工作往精耕细作方向努力一点，再逐步地把网眼编织得密集一点，这样捕的鱼会多一些；如果说是用鱼钩钓鱼，那么这个鱼钩就是我们的交易系统，钓鱼的时候会有一个鱼漂，这个鱼漂是个信号系统，用来提醒我们是否有鱼咬钩，鱼漂不动，说明没有鱼咬钩，这个时候我们就要耐心等待，其实这个时候水里面是有很多鱼的，但是这些鱼即使我们能看到它在游来游去也和我们没有什么关系。盘中，我们的交易系统只要不发出信号，我们就不能盲动，这个时候翻一下涨幅榜，很多涨停板。但这些涨停板和我们是没有什么关系的。"临渊羡鱼，不如退而结网。"这个时候我们要做的是等收盘以后，研究盘中的黑马猛牛，为什么没有进入我们的交易系统，这样一点一点逐步地完善我们的交易系统。

每一次实战结束，都要把交易记录精心地对照一下股价的实际走势，看看我们的交易系统有没有需要下载更新的补丁？看看主力的做盘手法有没有新手法出现？看看我们的买入点位是不是最佳？卖出点位是不是最佳？持仓比例是不是最理想的配置？这次吃到的这一段是不是鱼的中间段？这一段在下次操作时能否再长那么一点点？就这样一点一点精心地循序渐进地去编织、完善我们的交易系统。

投资哲理小幽默

论方法的重要性

某公司一笔十几万元的货款，讨了大半年始终要不回来，老板委以重任，将讨债任务交给已经怀孕的员工。她每天打扮得花枝招展，去到欠债公司，也不提要账的事，只是每次都会摸着肚子问前台接待的美女：你们刘总，在不在？这不，刚坚持去了半个月，欠债公司老板打电话给某公司老板：钱我可以一分不少地还你，但你得叫你那讨债的员工跟我媳妇解释解释，她只是来讨债的！

第四章　投资之路

在股票投资这条路上，成为一个成熟投资者的道路并不平坦，有太多的失败和无奈，经过无数次市场的打击，你可能才看到微微的曙光。股票投资与其他行业一样，只允许少数人取得成功，因此，我们必须要有坚强的毅力、坚定的信心、不断进步自己的交易水平和能力，用纪律来约束人性的弱点。失败的经历使我们获得真正的交易能力，只有失败才能提升我们的交易能力。在证券市场这样一个财富大转移的地方，想要成功，需要很长时间不懈努力地摸索并经历几个阶段：

第一个阶段是原始阶段。

这个阶段的特点是自己没有什么主意，买时不知为何买股票，卖时也不知为何卖。买卖的决定完全由他人或自己的一时冲动所左右。比如某某股评家推荐买这只股票，会认为这只股票最少还会升 10 个点等。卖时也没有章法，觉得有钱赚就可以卖了。跟股评、听消息、看报纸是操盘的主要依据。买了就跌，一卖就涨是这个阶段经常遇见的事情。赚钱了欢天喜地，赔了沮丧、骂娘、后悔然后再跟股评，听消息。这个阶段的投资者有两个显著的特点：一是不贪，二是不怕。

不贪：他们只要有一点利润就赶快卖股获利。昨天 10 元价进了 500 股，今天涨一毛钱，赶快卖掉，赚 500 块钱就会欢天喜地，能买不少菜呢。只要股票的价钱升到他们的买价之上，身上的每根神经都在喊："卖！卖！卖！"生怕明天跌回来怎么办？他们不贪，满足于赚小钱。不怕：假如不幸 10 元一股进的股票跌到 9 元怎么办？答案是："真倒霉，被套牢了，等到反弹再说。套牢了不怕，反正我也不急用，等就是了。"亏钱时他们不怕，他们绝不愿亏小钱。死捂是应对亏损的唯一方法，几年也无所谓，我身边的一位朋友就是把一只 35 元买的股票捂到了现在的 3 元左右，前些日子他还咨询我现在这只股票 3 元，你看怎么办？我分析了一下这只股票的走势，是挺令人遗憾的，而且这只股票至今没有见底的意思，还在漫长的"暗无天日"中，更不要说上涨了，但是我呢，能怎么说？让他卖掉，他会吗？35元的成本，现在3元，怎么卖？等回本吗？都不见底怎么回本？我说没有好的办法。

据笔者的观察，80%以上的股民都无法从这个阶段毕业。问问自己有这样的心态吗？如有的话，你炒股的道路还很漫长。你还处在原始阶段。

第二个阶段是基本知识学习阶段。

股票的知识并不是太多，只要你肯努力，一年半载估计就能够把股票的一些基础知识学习完毕。所以股票的入门非常容易，然而这只是学习的初步阶段。这时开始学习各种分析方法，尤其是技术分析如MACD、KDI、RSI、DMI等，更是背得滚瓜烂熟，自认为把握了短线宝贝，可以在市场上无往而不胜。特别是短线操作，有的研究到5分钟短线和1分钟短线了，短线这么一做，就像吸大烟一样上瘾了，天天也离不开盘面啦，一天到晚地分析这预测那，弄得紧张兮兮的。

很多人在完成这种初步的学习之后就得出结论：股票买卖很容易操作。这个阶段的表现是：开始利用学习到的指标选股，并热衷于向大家讲解技术分析，开始代客理财，指导操作。结果可想而知，亏损相继而至，被指导的朋友套了半年后开玩笑地说："你是只管买不管卖啊。"这个阶段不知道想怎么做，套住了怎么办，在股评、股友的影响下，热衷于短线买卖，但短线失败了，就改中线；中线失败了，就改为长线；长线失败了，就美其名曰：投资！这是操作误区。说明止损的意识还没有形成。

在真实的交易中需要学习的东西还太多。其难度也许并不亚于交易获利的难度，这种困难使很多人只能坚持学习一段时间，之后就长期处于顺其自然的状态，放弃了进一步深造的机会。"冰冻三尺，非一日之寒。"时间是一个主要因素，主观上的态度也是一个因素。你是否认真学习，你是否愿意总结，你是否愿意不断纠正错误，你是否能够保持乐观的心态，等等。这实在不是任何一个人都能做到的。说实话，很多人都无法从量变到质变。毕竟成功的人很少。如果你想成功，必须从一个学生到一个职工再到一名师傅最后成为专家。每一步都不能少。要想不学习就成为一个专家在市场上赚取财富，那是绝对不可能的。所以，一定要有足够的思想准备。这个阶段的投资者大都是模模糊糊地随着大盘走，没有操盘计划，没有大势猜测，没有止损概念，只有自以为是的操作和夜郎自大地指导别人。大牛市也亏损，只赚指数不赚钱。遇到熊市股灾的时候，巨大的亏损才可以刺痛虚荣心，进行心灵的洗礼，必然经历第三个阶段，困惑迷茫的摸索阶段。

第三个阶段是困惑迷茫的摸索阶段。

在这个阶段一般都是经历了股市由牛转熊的过程，孜孜不倦学习了好多东西，能学习到的各种指标都研究了，能学习到的各种理论也都研究了，什么短线是银、长线是金、投资、投机、江恩、道氏、巴菲特等关于投资的大量的书，似乎什么都需要学，又似乎学什么都没有用。用基础分析来炒股，研究股票的盈利及公司资产值，研究成本收益比率；各种技术指标都认真学习了一遍。但在应用的时候发现互相矛盾，搞得一头雾水。一边寻找有用的指标，一边放弃不理想的指标。波浪理论、江恩理论、巴菲特投资、索罗斯反身理论等技术知识学习了一大堆，就这样耗费了大量的时间、金钱、信心。是多么的彷徨、迷茫、无助和煎熬。这段时间好多理论读到能背的地步，在实际中似乎它们完全无效，操作亏损就是没有改善。然后再寻找新的技巧，不断地赔钱，就是看不到盈利。这个阶段是很困惑迷茫的，对炒股者的信心有很大的打击，其心里很复杂痛苦的。

摸索阶段的特点是你已多多少少明白炒股的行规。你知道要止损，要让利润奔跑，但你还不清楚止损应怎么止。你用 10% 或 20% 等机械的方法定止损点。有时你能办到，有时你又想方法不去止损。让利润奔跑时你不知应让它跑多远，你不知怎么判定获利点。各种各样炒股的规则有时有效，有时无效，你还不知怎样有选择地应用它们。看到蛮干的炒手，你已知道他们在蛮干，你知道不能那么干。你自己有时赚到钱，有时亏了钱，但你还不明白为何亏钱，也不清楚怎么赚到了钱。你还没有系统的买点和卖点，这只股的成本收益比率很低了，那只股的红利比较高，张证券师推荐这只股，李股评人看好那只股，你还在用自己的直觉加上"应该不会错"的理由来买卖股票。这些描述合适你吗？如果对的话，你还在摸索。

这个阶段大量的失败和挫折已经没有信心再代客理财和指导别人了，风险意识得到了加强。很多人由于看不到希望而放弃学习，阔别了市场。而那些遭受无数挫折还能勇敢面对自己、不轻言放弃的人，在花了近四五年的时间，什么也没有得到，亏了老本，换来一大堆经验。一种信念告诉他，如果离行另谋他就，这些经验一钱不值，你可以想象是多不甘心。挺过了这个心灰意冷的阶段，也就进入了自我反思、自我否定、从头再来的新阶段。

所谓迷茫，就是自认为自己的才华配不上梦想，大事干不了、小事不肯干，不想做手边的事、只想做天边的事。在股市里的迷茫就是：大行情把握不了，小利润看不到眼里；不懂得集腋成裘，只想一夜暴富。这个世界能轻而易举毫不费劲做到的只有贫穷和衰老，其他的都需要努力。

第四阶段是自我反思阶段。

经过几年的困惑迷茫的摸索阶段，常要亏大钱，不亏上一两次大钱，你不会明白什么叫风险，你也还不可能毕业。只有在亏钱亏得吃不下、睡不着的时候，你才会真正地反思你以前学习的东西是不是可以用。你的操盘技巧是不是正确。

如果亏大钱的经历发生在蛮干的原始阶段，因无知而无谓，没有什么好抱怨的，但如果发生在确确实实有了几年的炒股经验，对研究股票及其运动规律下过苦功，这时亏大钱常常是你大成之前的最后考验，请千万不要放弃！那些著名的炒股名家在他们成"家"之前通常都有一次甚至几次的破产经历。记得有篇文章说在华尔街要培养出一名操盘手，他需要经历2次熊市和2次牛市的洗礼，需要亏掉1000万美元。在忍无可忍的时候，再忍一忍，胜利的曙光总会到来的。这个阶段真的需要一种精神支柱，需要同甘苦共患难朋友的支持，需要一名老师的指导。

有了几年亏钱的经历，痛定思痛，发现以前的学习是多而肤浅，也知道了严重亏损的原因是：

（1）过度融资扩大了损失。在没有到达长期的、稳定的技术模式和盈利模式及盈利能力的第六阶段，融资等于将自己置于悬崖边上。做超出自己能力范围外的事情，危险在等着你。

（2）无知的追涨杀跌短线操作是亏钱的另一个原因。亏损了想马上补回来，无章法地进出，无计划地买卖，一遇调整，恐慌伴随着就是止损。一次次的止损，砍掉了太多的本钱和信心。本来看好的股票，由于短线反向的进出买卖点位，打乱节奏，错过了行情，又追到顶点。止损成了主要任务。逐步明白了这样的道理，过多的操作就是盲动，盲动耗散我们的精力，迷幻我们的心智，磨损我们的金钱。

（3）亏钱的第三个原因是没有操盘计划。用各种指标指导各个阶段的操作，所有指标相互矛盾，不知道该看哪些指标不该看哪些指标，不知道要解决这些问题就是要建立自己的交易操作系统。

（4）没有向老师学习。之所以每个阶段付出很长的时间，主要是因为自己闭门摸索，盲目相信自己的自学能力，走很多弯路的，不知道把别人已经研究成型的东西拿来用，不知道站在巨人的肩膀上起步。

第四阶段是自我反省明白了这些道理：

（1）形成自己的交易风格，建立自己的交易系统是一个成熟投资者的标志。正确的事情重复做，反复做，就这么简单！这样，胜利就是可以事先知道。建立和验证交易体系也是漫长的，是你多年来成功和失败的总结。

（2）只坚持做符合自己系统的买卖点的股票。把时间和精力都用在寻找形态比较完美的、标准的个股上，具有无限等待的耐心，不会理会任何系统外的黑马猛牛，对能力、系统以外的机会说"不"。知道从很多机会中把握属于自己的那几个，做自己能力可以做到的事情。

（3）轻易不出手，出手定要赢。不要轻率地去买，着急地去止损。轻易不出手，出手定要赢。没有十成的把握，就继续观望。或干脆休息一阵子。不怕机会不来，就怕你把握不住机会！寻找市场中的最佳交易机会，等待自己熟悉的机会，就是成功操作的开始。

（4）不做任何没设安全保障的交易。到了止损就能立即止损。这是良好的操盘习惯，是成熟的表现。交易没设止损就如同战场上没穿防弹衣，灾难随时光顾，及时地止损将拯救你的股市生涯，是创造不被敌人消灭的条件，因为价格是时刻变化的，我们的情绪也常常随之变化。而止损是相对静态的，具有可控性，止损的可控性能够使我们保持良好的心态。

认识到这些问题，就有希望度过第四阶段了。能够度过第四阶段的投资者将进入另外一种状态，他能够形成自己的交易理念，形成自己的交易模式，甚至形成自己的交易哲学。

第五阶段是建立自己的交易操作系统。

这个时候你的思想和交易已经形成体系。但进入这种状态的投资者还是只能阶段性地盈利，还无法持续稳定地盈利。这个阶段的投资者在操作的时候都遵循着一套完整周全的操作模式。它可以使操作有序化，保持独立的投资个性，在交易时按照预定的操作准则行事，进退有度，处之坦然。因此有一套适合自己的操作模式是投资者成功不可缺少的基石。也是投资者成熟的表现。

一个可行的交易操盘系统，不能凭空想象，它必须有理有据。要设计和完善自己的操盘系统，必须经历以下几个步骤：

（1）解决对不同周期的分析依据；对各种市场状态判断的依据；对买卖点的判断依据；持股的依据顶部、底部的判断依据。这些问题的解决是多年来对基本知识学习的检验和对亏损换来的经验积累的总结。设计出有效的操盘系统，是操盘技术的升级，说明突破了技术瓶颈，进入了新的阶段。

（2）操盘系统设计出来后，还有一个漫长的修改、市场验证有效性的过程，没有几次成功的案例，无法确定这个系统的有效性。有了操盘交易系统并不能完全利用它稳定地盈利，因为对系统产生绝对的信心需要很长的时间磨合，对操盘系统的各个环节熟练把握，还需要对系统执行能力进行练习，对系统的修改、完善和验证。

（3）经历了验证过程，自己对系统有了信心，接下来就是对系统执行能力的练习，这个步骤成功了，操盘水平也就再上一个台阶，达到第六阶段：拥有获利能力。股票市场的学习是从第五个阶段才真正开始的，前面几阶段都相当于基础课程，第五阶段才开始进入专业课程。才开始学技能，技能的学习是永远没有止境的，技能的不断进步才是你保持盈利的基础。提高能力远比把握知识难度更大，盈利是靠能力，而不是知识。所以说建立的操作模式，还没有成功。需要一段时间的操盘系统执行能力的训练。训练时间的长短无法判断，全靠个人的悟性。

投资者达到这个阶段后，都会形成自己的体系。

这个阶段特点是：能够寻找到牛股，并有能力对该股主升浪进行把握，做出投资计划。

第六阶段是拥有持续、重复的获利能力。

操盘系统执行能力的训练，是第六阶段的主要任务。能力可以分为：市场分析的能力、对市场表现的理解能力、对市场状态的判断能力、对影响市场主导因素的鉴别能力、对技术图标的解读能力、操作计划的制订能力以及执行能力。操盘信心建立。任何知识，只有通过自己的具体实践、消化吸收才能转化为自己的能力。市场状态、技术图表分析、操作计划等都包含在操盘系统里的，操盘系统是不是合理有效，是培养获利能力的关键。因为这些能力培养的具体体现在能不能进行严格的操盘系统执行能力的训练。严格执行操盘系统可以建立自信，并克服恐惧。问题是怎样才能建立不可动摇的信心？我们相信自己和我们信任他人的过程是类似的。假如他人总能说到做到，我们就可以相信他。同样地，我们越多地忠于自己成为一个成功操盘手的目标，总是保持言行一致地去遵守我们的操盘计划和规定，那么就越能相信自己。按制订出可行的炒股计划，只要按这个计划做，我久赌必赢。区别只在赢多赢少，那同运气有些关系。

我们可以做这样一个练习：采用一个简单明了的操盘系统，定下这么一个目标，当操盘系统给出买卖信号时，毫不迟疑地采取行动，不管自己心里再怎么犹豫。

这个阶段成功的标志是：开始能够稳定盈利。

我们需要一项一项地培养自己的操盘技巧。当我们能确信我们能控制住损失的时候，我们就培训自己执行操盘指令的技能。然后，我们再培训增加盈利的技巧等。获利能力的培养也需要一定时间的实践。获利能力的培养成功与否看三个状态：

一是半年以上持续获利的记录；

二是坚持运用操盘系统记录；

三是正确分析、合理买卖的记录。

到达第六阶段成功者具有的品质：

（1）为人正直。学习投资，先学做人，你的人生态度会如实地反映到你的投资活动中，形成你的投资哲学。为人最忌虚伪和欺骗，你在生活中欺骗别人，就会上市场上欺骗自己。正直是通往成功之门的金钥匙。

（2）心态平和。佛家有云：慧生于觉，觉生于自在，生生还是无生。意思是说，一个人有了平和的心态才能对世间万物有所觉悟，觉悟方能产生智慧。这说明平和朴素的心态是成功的基础。

（3）百折不挠。在期货投资中，遭受困难和挫折是不可避免的，但优秀的交易者永远懂得坚持自己的交易系统，决不因一两次的挫折而放弃。因为他们懂得：最后的成功者不是那些最聪明的人，而是那些遭受无数挫折还能勇敢面对自己的人。

（4）懂得等待。股票、期货市场看似有很多机会，实则只有很少的机会值得投资，大部分所谓的机会都是"陷阱"，我们应该心平气和地去等待那些能为我们把握的投资机会。

（5）懂得放弃。一个失败的交易者之所以失败，原因之一就是他希望抓住市场上的每一次机会，而一个成功的交易者只需要抓住一两次机会足矣。有人说，明白的人懂得放弃，真情的人懂得牺牲，幸福的人懂得超脱。此为生活真谛，亦为投资真言。不论是在生活中还是交易中，成功者定是那些心胸豁达、懂得超脱的人。

在股票投资中，成功并不单纯是一门技巧或学问，而是一种优秀的品质。这种品质，不是与生俱来的，而是从一点一滴的小事做起，慢慢地培养出来的。你播下一个行动就能收获一个习惯，播下一个习惯就能收获成功。

第七阶段是"境由心生""功夫在诗外"。

有先哲说："我们无法和井底的青蛙谈论大海，那是因为它没有离开过自己狭小的生活空间；我们无法和蝉谈论冰雪，那是因为它只有短暂的生命；我们无法和骄傲自满的人谈论人生智慧，那是因为他已经关闭了接纳智慧的大门。"

到了这个阶段，赚钱、盈利已经不是你考虑的问题了，提高心境和见多识广使投资更上一层楼。你的知识和能力超越了大众。你是高高在上的能人。投资心境已经无几人可及。

在这条艰难曲折的求道路上，究竟要读多少书籍，才能成为大家、投资高手乃至大师呢？因人而异，但是根据笔者的个人经验，认为有一些经典书籍是不得不看的。有些是可以选读的。笔者简单介绍一下笔者读过的认为经典的书籍。

《金融炼金术》一书是从哲学的高度来俯视投资，并从可错性、反身性和非均衡的视野来重新审视被我们习以为常的经济学和投资学；

《股票作手回忆录》这本书的作者利弗摩尔在投资的草莽时代，当大家的投资思想和工具还处于原始的石器与火的时候，利弗摩尔就已经天纵英才地发明了一系列沿用至今的思想与方法，比如遵从趋势、学会止损、仓位管理、控制情绪、独立思想、不要相信内幕消息等。虽然利弗摩尔最终是悲剧的，但是他的投资得失更有警示意义，他本身就是一本书；

《股市极客思考录——十年磨一剑之龙头股战法揭秘》该书的作者提出一个核心观点：如果不学会风险控制，你在股市中所做的一切都不过是在为他人做嫁衣。该书最精彩的篇章是龙头股篇，作者把十年压箱底的绝活都抖了出来，阅读龙头股篇，会让你有一种快意恩仇、荡气回肠之感。龙头股战法属于股市里最天马行空、最恣意汪洋的战法，一旦掌握了这种战法并从内心深处做到知行合一，可以达到一剑封喉的境界；

《十年一梦》的作者是实战派的高手，是以期货投资为主。其实真正的高手是没有界限的，不懂十八般武器，难成大器。作者青泽先生为实战派投资高手，他的文笔也非常出彩，特别是描绘投资过程中的心境时，把那种时而张狂急躁、时而痛苦挣扎、时而赌性泛滥表达得淋漓尽致，读起来仿佛身临其境，令人拍案叫绝。更难能可贵的是，作者把投资过程中的真实经历和案例写入书中，而且毫不掩饰自己曾经的失败和幼稚，书中展示给人的不是得道之后的快意恩仇，而是寻道过程中痛苦而又坎坷的心路历程；

《道德经》《孙子兵法》是研究根本规律的，《孙子兵法》是其在军事上的运用，法家是其在政治领域的运用。读《道德经》，对超然物外洞悉万物规律都有帮助，对股市更有帮助。《孙子兵法》秉承老子的思想，易中天曾说过，《道德经》是哲学辩证法、《孙子兵法》是军事辩证法，孙子中的很多思想确实和老子是相通的。

《了凡四训》炒股炒到最后比的是心境、是厚德载物。从哲学上，人生终极的物质水平的高低，已大抵由累世修行的福报大小所决定，拼命努力在一定程度上可以改变命运，然而效果有限。如果要改变物质其果，必须修行、行善。所谓，积善之家必有余庆，正是此意。所以，一切都是最好的安排。炒股不是为了简单地赚钱，而是为了造福自己的身边人、造福这个社会。

《毛泽东选集》毛泽东对军事和斗争哲学的研究已达很高的水平，任正非、宗庆后、史玉柱、马云等无不从毛泽东思想中吸取智慧。

《短线是银》的一套书对刚刚过去的行情作了具体的个股分析，丝丝入扣，令人拍案叫绝。作者唐能通先生也是中国股市具有传奇色彩的人物。

《135系列战法》的作者宁俊明老师用一整套书籍来阐述股价的运行规律。

《股是股非》系列从三度的角度来审视股市，寻找暴涨大形态。

《人性的弱点》《人性的优点》读这样的书，像是在品尝一场美味的人生盛宴，自得其乐。要将这种感觉说出来，还真是只可意会、不可言传。它就像一面镜子，帮我认识自我，了解自我，从而完善自我，驾驭自我，成为一个善于经营自己生活的成功者。漫漫人生路，它让我在看清来路的同时，更清楚自己在应对怎样的未来。

投资哲理小幽默

船遇冰山

头等舱旅客看到了即将撞上的冰山，正急忙回房间整理东西准备转移。

二等舱旅客感觉到了船体的摇晃，正在问出了什么事。

三等舱旅客还在喝酒睡大觉。

四等舱旅客正在导游带领下，赞叹船的伟大与壮观。

五等舱旅客正集体学习讨论冰山的渺小。

您在几等舱？

这个段子本质是说，你的认知决定了你的命运。

买入股票以后，恰逢一波上涨，开启了上涨的旅行模式以后，大师级的投资者看到出局形态，把股票卖在了最高；高手们把股票卖在了次高；股市精英们把股票卖在了一波上涨后的第一根阴线；一般投资者盈利后想着一涨再涨，在计算自己的资金翻几倍后是换车还是换房的如何使用上；有一部分人盈利后又回来了，坐了一趟免费的电梯，体验了一把上上下下的感受；更有一部分人盈利后又被套，还美曰其名：我是价值投资者；还有一部分人在感叹主力也不过如此，豪言壮语地热烈交流战胜主力让主力为自己抬轿的心得。

后　记

投资是修行

修行是指具有自我意识的客观存在，为了实现自主进化这一目的而主动对自身施加的一系列约束的总称。是古人希望长生久视，通过对生命理解和平常对自己身体的观察，为超凡脱俗、摆脱生死轮回而总结出的、努力实践的各种修炼方法。

综观修道历史，上千年前自然衍生，修道源于对生命真理的渴望，是一种通过修正自己行为的方式，来达到提升精神或神识力量的目的。古代道家通过修道方式，实现超脱生死，斩断痛苦不以物累，最终实现不老不死、长生不死与天地同在、返璞归真的境界。

做股票即是一种修行。

在做股票的过程中，即是人与自己做斗争的一个过程。

炒股到一定境界，做到股市赢家的，是需要一定的综合能力的，而且一定是具备了很多的优秀品质，并且克服了很多的人性的缺点才修行到位的。"赢"字由亡、口、月、贝、凡五部分组成，这就是人生赢家必备的五种素质和能力——亡，危机意识；口，沟通能力；月，时间观念；贝，取财有道（贝壳是最古老的货币之一）；凡，平常心态。

具备了这五种素质和能力，再加上努力奋斗，定会走向成功，成为人生赢家。

结合股市，能够成为股市赢家也一定要修行到：有敬畏意识，敬畏市场；股市里的这个"口"是闭嘴的意思。多看多思多悟少说；有以月甚至年为单位的长时间的艰苦奋斗直到最后把自己修炼得不急不躁、不慌不忙的，有一颗平常心了，就离股市赢家不远了。

人性固有的缺点很多，诸如：贪婪、急躁、见异思迁、急功近利等。

这些缺点带到股市里，最直接的结果就是亏。

贪婪，有多少次我们也曾经拥有过幸福的上涨，可是最终的结果还是毁在这一个"贪"字上。涨了还想再涨，高了还想更高，回调了以后想着回调完就又上去了，等实在不上去了，想着我刚才10元都没有卖，现在9元、8元……再等等吧？8元了，还不如刚才9元卖离开呢？又等下去7元了，跌破成本了……

急躁，买入一只股票后，恨不得它立马火箭式拉升，大单封住涨停板，可能吗？稍不尽意，第二天一开盘，迅速挥刀开斩。接着买入下一只……就这样周而复始地及早地重复着亏损，资金越来越少……

急功近利、见异思迁……

要克服这些心魔，我们需要修行……

一说到修行，总会让人想到偏安一隅的山林隐士，幕天席地、禅坐、行脚、苦苦思考宇宙众生的意义。然而修行的定义绝非如此狭隘，南怀瑾大师说过，真正的修行不在山上，不在庙里，不能脱离社会，不能脱离现实。要在修行中生活，在生活中修行。你的工作环境就是你的道场。

作为一个投资者，证券市场就是我们的道场。我们只能在一买一卖中修行。

身处牛市的手舞足蹈是道场，身陷熊市的孤独凄凉是道场，每一次的买是道场，每一次的卖是道场，每一次经典战役是道场，每一次的触礁遇险是道场，每一次的高位逃顶、低位抄底的扬扬得意也是道场，每一次的顶部抄底、底部逃顶的荒唐更是道场。

投资不是短跑，投资是一场马拉松。偶尔幸运地抓住几个涨停板，是股民都有过，问题是长久吗？不还是没过多久就把这些涨停板又还了回去！

在股票市场，总会有一些股神隔三岔五地诞生。但这些股神大多是短命的。短暂得就像天上的流星，耀眼明亮的光芒转瞬即逝。巴菲特、索罗斯等这样的投资大家每年的固定回报率并不高，甚至我们有很多短线高手一周就能够做到，但是最后的结果呢？这些耀眼的短线高手名不见经传，巴菲特、索罗斯等却是公认的投资大家！

一开始来到股市，看到什么都是新鲜的，看到涨的股票确实在涨，看到跌的也的确在跌，于是，挣几个小钱，太容易了！

再后来，涨不是涨、跌不是跌，为什么？因为股票比显微镜更精细、比放大镜更生猛地放大出人性的弱点，只要是个人，不要说是三百六十行的高、精、尖人才，就算是寺庙里的得道高僧，只要把全部的资金买成股票，立刻现出原形，想赢怕亏，涨喜跌悲，贪生怕死，患得患失。所以炒股就是修行，股市就是人生的道场。

炒股犹如用兵，不知兵法而决战沙场，怎能运筹帷幄，决胜千里？但仅熟读兵书也只是问题的一面，战国的赵括，三国的马谡就是典型代表。那问题的另一面是什么？那就是实践经验。所以，眼高手低的毛病在股市里被放大百倍，看着就是暴利，但是就是抓不到手里，这也正是股市的魅力所在，让你永远都有希望。

当你面对一个复杂的对象，看起来眼花缭乱时，以不变应万变是最好的方法，因为你由于认识的肤浅和经验的缺乏，实在变不过它。但所谓持之以恒也不是说你随便做个选择就完了，而是你用生活中的其他经验使你形成的哲学层次上的认识来宏观地认真考虑，尽量超脱于股市本身，然后把你慎重思考的结论持之以恒地坚持下去。(比如数交易所门外的自行车法) 这是个看起来很傻的办法，但你能否坚持下去才是对你的真正考验，判断倒是次要的。面对花花绿绿的世界你绝不动心，苦守着自己的茅草屋，这是何等的修行？是个简单的问题吗？这是修炼你的定力、耐心、恒心、信心……只有过了这一关，你才能看到新的世界。实际上，没人可以完美地做到，不论你如何做的，只要你最终认识到了这个道理就可以了。

走过股市投资的初级阶段，自然对股市的风吹草动就会有感觉了，阳线的时候感觉热，阴线的时候感觉冷。顺流的时候一日千里，逆流的时候费力不讨好，稍一不慎就人仰马翻。更重要的是，显然感到过去的办法不是很有效率的，如果能够见风使舵、顺势而为肯定是更好的策略。但实践一段以后你就发现了问题，关键是你很难判断风往哪边吹，风的强度到底有多大。这没什么好办法，很多人就又回到了原来的老办法上，或时而前一个，时而后一个，赢利反倒不如以前了，就像我的一个朋友说，我以前没有章法，亏得慢，现在我有章法了，亏得倒快了，为什么？因为凡事都得有个过程。在学习股市的经典理论、向前人学习、向周围人学习；在实践学习中，要不断地领悟，功夫到了，你才能把别人的变成自己的，把理论上的东西变成实战中可行的方法、技巧。慢慢地就会有了析盘的能力，随便拿只股票来，就可以说个一二三，虽然精度一般，但以后会不断提高的。这个时候已经初步建立了自己对股票的系统分析方式，这是真正能做到见风使舵的基础。所谓见风使舵，并不是单指短线操作，而是说你具有了顺势而为的能力，不必像过去那样地苦等，可以进行作战了。

追逐热点，成也萧何，败也萧何，有大赢也有大亏，黑马猛牛折腾起来相当厉害，一会儿涨停一会儿跌停地振幅相当大。最要命的是一踩不对点就感到股市的无常、主力的无情、自己的无助。再耗上一阵子，通过实战、观察发现了一些奥秘。凡树下阴凉、水草肥美之地，日落时分常有野兔出没。而先发现此道之人，悠闲隐于树下，品茶谈天，却收获颇丰。于是重抄旧技，仿佛又回到了最开始，开始耐心地守株待兔。但这可不是简单的回归，心法相同，技法却大不同。虽然都是等可这不是瞎等，首先这是研究了兔子的习性、爱好，哪个地方、哪棵树的选择都是几年功力的凝聚。开始时失误可能多些，不断体会后成功率会高起来。这时就会体会到，潮起时兔子成群，平静时也不少，甚至落潮时也有不甘寂寞的。也会体会到不同时期有不同的守法，渐渐地，会感觉像优秀飞行员一样，具有了全天候作战能力。一帆风顺时，会油然而生"今日长缨在手，何日缚住苍龙"的感慨。这个时期的成功标志是，成功地守了几只兔子，正高兴时却突然被草丛里蹿出的大灰狼狠狠地咬住了。

猎人被狼咬，严重时甚至可以丢了小命，这显然会严重打击自信心。这时你可能有祥林嫂一样迷惑的感觉："我只知道春天狼要吃人，没想到秋天也要吃。"渐渐地再也不敢那样悠闲地守株待兔了，因为兔子多的地方狼也多，还有化装成兔子的狼，甚至可以描述成只要可能是兔子，是狼的可能性就越大。到这个时候，经过长期的磨炼，此时对盘面的感觉和个股的技术已今非昔比了，用个寓言来说，现在的眼力清晰得好像可以看见正在飞的苍蝇腿上的毫毛。以过去的感觉看，这是不可思议的。这个时候我们会发现拿散户与主力比较是各有优势的。不再像原来一样一直认为武装到牙齿的主力是强大无比、无懈可击的了。这个时候再发现目标后，能够精心筹划，耐心跟踪，在最有利的时间一箭封喉。能够集中兵力，打得狠，速度快，不恋战。在时刻注意情况变化后，能够快速撤退，不犹豫（止损）。

人性的优点在这个时候体现得会多于一开始的缺点，但是这些都是在不知不觉中经过千锤百炼练就的，诸如：耐心、坚毅、果敢等。

当一个优秀的操盘手经过在股市的千锤百炼后，具备了这些优秀品质，想亏钱都亏不了，赚钱成为股市赢家是自然而然的事。

成功标志：从此再不愿评股，更知道每一战都异常艰辛，胜负的关键更多在于细微之处。如果有人问你明天如何？你会很认真地说："明天股市肯定波动！"

这个时候的我们，每次战斗都谨小慎微，成功率非常的高。股市就像一个你非常熟悉的朋友或情人，我们可以感到它的呼吸、它的心跳。每天看盘，它都会对我们窃窃私语，这是一种灵魂上的沟通，以至于我们无法用清晰的语言来向别人说明，如果非要尽力说，人们就会认为我们是精神病，实际上大家的看法也没错，股市本来就是精神病。这个时候我们可以找到每天涨幅最大的，可以在95%的股票都下跌时，还能买到上涨的（当然不是绝对的）。这时我们周围的人认为我们很神奇，我们的每次操作对他们来说有种惊天动地的感受，而对我们自己来说，什么也不是，我们非常平静，只是认为应该这样做，甚至在操作时，什么也没想，只是灵机一动就做了，但却经常胜利。

这时我们慢慢地有能力操作大资金，资金也越滚越大，如行云流水般地带领着大资金在股市里长袖善舞，业内人看来不可思议，皆叹有惊天动地之能。只有我们自己知道，我们不过是一粒尘土，何德何能？不过是顺天应人，偷天功为己有罢了。

修炼成功的标志：操作能做到天人合一，随心所欲，成功率却高于许多高手。

钱对我们来说就不是问题了，炒股挣不挣钱已经是无所谓了。实际上很早以前股市在我们眼中就已经不再是原来的模样了。我们把它看成是人的一生、人类的历史、经济的起浮、万事的兴衰。此时我们不仅知道股市会如何，我们更知道人生会如何、社会会如何，对世间万物，有种半仙的感觉，可以看到自己的未来。因此，我们会更敏感花开花落、云飞雾起，会更感叹世态的炎凉、人间的劳苦。我们会感受只有大自然才是最完美与和谐的，只有在山水间才能体会到生命的意义，才能得到心灵的平静。这时候我们会真懂姜子牙，用一只钩在清清的小溪中垂钓，他不是等周文王，只是为了山水，更是为了糊口，人总得有吃的才能活下去，才能更好去体会生命的美丽。

炒股，难道不是人生的修道场？

曾经有媒体报道，西安一和尚释常兴也曾到证券公司开了户，买了股票。释常兴对记者说："本出为善，心静如水，我把炒股看成跟自己皈依佛门前在家里卖苹果一样。"不过释常兴说他炒股是为了赚钱做善事："你不能简单地认为炒股就是赌博，要清楚地认识到股票市场带给国家经济建设的益处。""我来炒股，这仅仅是一个'副业'而已，我不会忘记自己的主业是修行。"

炒股，仅仅是个副业，主业是修行，其实，和尚释常兴一语道破天机。

生活中修道之人成功的少、败的多，原因是其中有两样是常人难以过关的。

一是闭关，一是辟谷。

闭关就是在一个见天日的房子里摆上一姿势静思，不能看电视，不能听广播，不能读书，不能看报，连外面的风景都看不成，你面前只有一堵墙，也许墙上有几幅稀奇古怪的画。这是比坐牢还难受的事，居然有人这样闭关了九年，当然修行有了丰硕的成果。

辟谷就是不吃东西，只能喝水，这水是用来保命的，坚持几十天，甚至几个月，对常人来说当然是痛苦的，俗话说"食色，性也"，不吃东西就失去了常人的乐趣，而修行就是要你不做常人，要你做仙。

张三丰做到了这两样，变成了仙，据史料记载活了两百多岁。

这股市的修行同样有两样是常人难以做到的，闭关就是当股票长期横盘震荡的时候要忍着，股价在眼前晃来晃去都不能动。

辟谷就是当股价大幅上涨或下跌时，心不能慌，手不能乱动。当然可以喝保命的水执行交易纪律，除此外任凭股价上涨还是下跌，下跌还是上涨都不能乱动。

能做到以上两条者皆有可能成为股市仙人。

世间万事万物都是息息相关的，不是独立存在的，要不老祖先说"万法同宗"呢，我觉得炒股和人的修行不是也一样吗？

美国船王哈利曾对儿子小哈利说："等你到了23岁，我就将公司的财政大权交给你。"谁想，儿子23岁生日这天，老哈利却将儿子带进了赌场。老哈利给了小哈利2000美元，让小哈利熟悉牌桌上的伎俩，并告诉他，无论如何不能把钱输光。

小哈利连连点头，老哈利还是不放心，反复叮嘱儿子，一定要剩下500美元。小哈利拍着胸脯答应下来。然而，年轻的小哈利很快赌红了眼，把父亲的话忘了个一干二净，最终输得一分不剩。走出赌场，小哈利十分沮丧，说他本以为最后那两把能赚回来，那时他手上的牌正在开始好转，没想到却输得更惨。

老哈利说，你还要再进赌场，不过本钱我不能再给你，需要你自己去挣。小哈利用了一个月时间去打工，挣到了 700 美元。当他再次走进赌场，他给自己定下了规矩：只能输掉一半的钱，到了只剩一半时，他一定离开牌桌。

然而，小哈利又一次失败了。当他输掉一半的钱时，脚下就像被钉了钉子般无法动弹。他没能坚守住自己的原则，再次把钱全都压了上去，还是输个精光。老哈利则在一旁看着，一言不发。走出赌场，小哈利对父亲说，他再也不想进赌场了，因为他的性格只会让他把最后一分钱都输光，他注定是个输家。谁知老哈利却不以为然，他坚持要小哈利再进赌场。老哈利说，赌场是世界上博弈最激烈、最无情、最残酷的地方，人生亦如赌场，你怎么能不继续呢？

小哈利只好再去打短工。他第三次走进赌场，已是半年以后的事了。

这一次，他的运气还是不佳，又是一场输局。但他吸取了以往的教训，冷静了许多，沉稳了许多。当钱输到一半时，他毅然决然地走出了赌场。虽然他还是输掉了一半，但在心里，他却有了一种赢的感觉，因为这一次，他战胜了自己。

老哈利看出了儿子的喜悦，他对儿子说："你以为你走进赌场，是为了赢谁？你是要先赢你自己！控制住你自己，你才能做天下真正的赢家。"

从此以后，小哈利每次走进赌场，都给自己制定一个界线，在输掉 10% 时，他一定会退出牌桌。

再往后，熟悉了赌场的小哈利竟然开始赢了：他不但保住了本钱，而且还赢了几百美元。这时，站在一旁的父亲警告他，现在应该马上离开赌桌。可头一次这么顺风顺水，小哈利哪儿舍得走？几把下来，他果然又赢了一些钱，眼看手上的钱就要翻倍——这可是他从没有遇到过的场面，小哈利无比兴奋。谁知，就在此时，形势急转直下，几个对手大大增加了赌注，只两把，小哈利又输得精光。从天堂瞬间跌落地狱的小哈利惊出了一身冷汗，他这才想起父亲的忠告。如果当时他能听从父亲的话离开，他将会是一个赢家。可惜，他错过了赢的机会，又一次做了输家。

一年以后，老哈利再去赌场时，小哈利俨然已经成了一个像模像样的老手，输赢都控制在 10% 以内。不管输到 10%，或者赢到 10%，他都会坚决离场，即使在最顺的时候，他也不会纠缠。

老哈利激动不已，因为他知道，在这个世上，能在赢时退场的人，才是真正的赢家。老哈利毅然决定，将上百亿的公司财政大权交给小哈利。

听到这突然的任命，小哈利倍感吃惊："我还不懂公司业务呢。"老哈利却一脸轻松地说："业务不过是小事。世上多少人失败，不是因为不懂业务，而是控制不了自己的情绪和欲望。"

老哈利很清楚，能够控制情绪和欲望，往往意味着掌控了成功的主动权。

其实做股票，就是一个战胜自我的一个过程，技术方面的东西，不需要很多，就我们的个股形态，都不深奥，也不隐藏，但为什么有的成功，有的不成功？其实后面拼的就是除技术以外的其他的东西，比如耐心、节制。《股票大作手回忆录》的作者最后不是在美女和美酒面前没有节制，丧失了自己早年严格自制的作息规律、生活态度、投资理念……一句话，就是战胜自己。不信你看，但凡成功的炒手，都同时具备很多优秀的品质：良好的生活态度、严格的自律……

所以说，炒股亦是修行。

人与人之间，好多人的幸福与不幸福是来源于爱攀比，而是只要我过得比你好！其实，真实的情况是你到底是要幸福还是要比别人幸福？

其实，炒股也一样，如果自己手中的股涨得慢些，就被盘中强势的股吸引，定力不强就会切换，如果真的是功夫好，弃弱趋强本没有错，而且值得提倡，但是问题是你有那功夫没有？大多是没有那功夫的，这样换来换去只会让自己的手续费越来越多，账户的资金越来越少；亏也一样，自己亏钱了，但是只要看到别人比自己亏得多，就心安理得，这是一种病态的心理。要不得。

孙悟空曾经说过一句话：

我若成佛，天下无魔；

我若成魔，天奈我何？

人活得就应该像孙悟空一样：疯狂过、拼搏过、成功过、失败过、努力过、辉煌过、奋斗过、悔恨过，但是从来没有害怕过。

人生就是不断经历磨炼的过程，任何时候都要记住自己的理想，坚持自己的梦想，不断升华自己的思想。

只有苦练72变，才能笑对81难！

只有苦练识别股票的各种形态，

才能实战不受主力的各种陷害，

成就自己账户稳步增长的夙愿！

冷眼笑看股市风云的潮涨潮落！

愿各位读者早日步入股市赢家行列，拥有自己在资本市场的一席之地！